고등학교 영어로 다시 읽는 세계명작

솔로몬 왕의 광산

H. Rider Haggard 원작
넥서스콘텐츠개발팀 엮음

넥서스

고등학교 영어로 다시 읽는 세계명작
New Collection 09
솔로몬 왕의 광산

원　작 H. Rider Haggard
엮은이 넥서스콘텐츠개발팀
펴낸이 안용백
펴낸곳 (주)넥서스

초판 1쇄 인쇄 2012년 6월 15일
초판 1쇄 발행 2012년 6월 20일

출판신고 1992년 4월 3일 제311-2002-2호
121-840 서울시 마포구 서교동 394-2
Tel (02)330-5500 Fax (02)330-5555

ISBN　978-89-5994-377-7　14740
ISBN　978-89-5797-462-9　14740 (세트)

저자와 출판사의 허락없이 내용의 일부를
인용하거나 발췌하는 것을 금합니다.

가격은 뒤표지에 있습니다.
잘못 만들어진 책은 구입처에서 바꾸어 드립니다.

www.nexusbook.com

머 리 말

어릴 적 즐겨 읽었던 『이상한 나라의 앨리스』나 『작은 아씨들』을 이제 영어로 만나 보세요. 지난날 우리들을 설레게 했던 명작들을 영어로 읽어봄으로써, 우리말로는 느끼지 못했던 또 다른 재미와 감동을 느낄 수 있습니다. 또한 친숙한 이야기를 영어로 바꿔 읽는 것은 그 어느 학습 자료보다도 효과적입니다. 자신이 알고 있는 이야기를 떠올리며 앞으로 전개될 내용을 상상하며 읽어 나가면, 낯선 내용을 읽을 때만큼 어렵거나 부담스럽지 않기 때문입니다.

『중학교·고등학교 영어로 다시 읽는 세계명작 시리즈 New Collection』은 기존에 나와 있는 명작 시리즈와는 달리, 소설책을 읽듯 추억과 감동에 빠져들 수 있도록 원서의 느낌을 최대한 살렸습니다. 또한, 영한 대역 스타일을 탈피하여 우리말 번역을 권말에 배치함으로써 독자 여러분이 스스로 이야기를 이해하는 연습을 할 수 있도록 하였습니다. 더불어 원어민 성우들이 정확한 발음과 풍부한 감성으로 녹음한 MP3 파일은 눈과 귀로 벅찬 감동을 동시에 경험하며, 최대의 학습 효과를 얻을 수 있도록 제작되었습니다.

'순수하고 가슴 뭉클한 그 무엇'이 절실한 요즘, 주옥같은 세계명작을 다시금 읽으며 잠시나마 마음의 여유를 갖고 영어소설이 주는 감동에 빠져 보세요.

넥서스콘텐츠개발팀

이 시리즈의 특징

1 읽기 쉬운 영어로 Rewriting

한국인이 가장 좋아하는 세계명작만을 엄선하여, 원문을 최대한 살리면서 중고등학교 수준의 쉬운 영어로 각색하였다. 『중학교 영어로 다시 읽는 세계명작 시리즈 New Collection』은 1,000단어, 『고등학교 영어로 다시 읽는 세계명작 시리즈 New Collection』은 2,000단어 수준으로 각색하고, 어려운 어휘는 별도로 설명하여 사전 없이도 읽을 수 있다.

2 학습 효과를 배가시키는 Summary

각 STORY 및 SCENE이 시작될 때마다 우리말 요약을 제시하여 내용을 추측하면서 읽을 수 있기 때문에, 원서의 부담을 덜면서 더 큰 학습 효과를 얻을 수 있다.

3 학습용 MP3 파일

전문 원어민 성우들의 실감나는 연기가 담긴 MP3 파일을 들으면서, 읽기와 함께 듣기 및 말하기까지 연습할 수 있다.

4 독자를 고려한 최적의 디자인

한 손에 쏙 들어오는 판형, 읽기 편한 서체와 크기 등 독자가 언제 어디서나 오랜 시간 즐겁게 읽을 수 있도록 최상의 편집 체제와 세련된 디자인으로 가독성을 높였다.

추 천 리 딩 가 이 드

step 1 **청해** 들으면서 의미 추측하기

책을 읽기에 앞서 MP3 파일을 들으며 이야기의 내용을 추측해 본다.

step 2 **속독** 빨리 읽으면서 의미 추측하기

STORY 및 SCENE의 영문 제목과 우리말 요약을 읽은 다음, 본문을 읽으면서 혼자 힘으로 뜻을 파악해 본다. 모르는 단어나 문장이 나와도 멈추지 말고 전체적인 흐름을 파악하는 데 주력한다.

step 3 **정독** 정확히 읽으면서 의미 파악하기

어구 풀이와 권말 번역을 참고하면서 정확한 의미를 파악한다.

step 4 **낭독** 소리 내어 읽으면서 소리와 친해지기

단어와 단어가 연결될 때 나타나는 발음 현상과 속도 등에 유의하면서 큰 소리로 또박또박 읽어 본다.

step 5 **섀도잉** 따라 말하면서 회화 연습하기

MP3 파일을 들으며 원어민의 말을 한 박자 늦게 돌림노래 부르듯 따라 말하면서, 속도감과 발음 등 회화에 효과적인 훈련을 한다.

이 시리즈의 구성

우리말 Summary

이야기를 읽기 전에 내용을 짐작해 봄으로써, 편안한 마음으로 읽을 수 있도록 우리말 요약문을 제시하였다. 이를 힌트 삼아 보다 효과적인 내용 이해가 가능할 것이다.

> ### The Tortoise and the Ducks
>
> 세상을 구경하고 싶어 하던 거북은 어느 날 오리들의 도움으로 하늘을 날게 된다.
>
> The Tortoise's shell is his house. He has to carry it on his back all the time, so he can never leave home. This was a punishment from Zeus for being lazy, because he refused to go to Zeus's wedding.
>
> The Tortoise became very sad when

영문

부담스러워 보이지 않고 편안하게 술술 읽히도록 서체와 크기, 간격 등을 최적의 체제로 편집하였다.

> he saw other animals move about freely and swiftly. He wanted to see the world like they did, but the house on his back and his short legs made it impossible.
>
> One day the Tortoise told two ducks his sad story.
>
> "We can help you to see the world," said the Ducks. "Bite down hard on this stick with your mouth, and we will fly you high up in the sky so that you can see the world. No matter what happens, do not speak. Or you'll regret it very badly."
>
> The Tortoise was very pleased. He bit down on the stick as hard as he could, and the Ducks took hold of
>
> tortoise 거북 shell 갑옷, 껍데기 back 등 punishment 벌, 형벌 lazy 게으른 refuse 거절하다, 거부하다 move about 움직이다 swiftly 재빨리 bite 이빨로 물다 no matter what = 무엇이 ~일지라도 happen 일어나다, 발생하다 regret 후회하다 badly 몹시, 심하게 pleased 기쁜 take hold of ~ 을 쥐다, 잡다

어구 풀이

이야기를 이해하는 데 도움이 되도록 어려운 어구를 순서대로 정리하였다. 이야기에 사용되는 의미를 우선순위로 하였으나, 2차적 의미가 중요하거나 불규칙 활용을 하는 경우도 함께 다뤄주어, 보다 풍부한 어구 학습이 되도록 배려하였다.

우리말 번역

문장 구성과 어구의 쓰임을 효율적으로 학습할 수 있도록 직역을 기본으로 하여 번역하였다. 가능하면 번역에 의존하지 말고 영문과 어구만으로 이야기를 이해하도록 하며, 번역은 참고만 하도록 한다.

페이지 표시

영문을 읽다가 해결되지 않는 부분이 있을 때 그에 대응하는 번역 부분을 손쉽게 찾을 수 있도록 해당 영문 페이지의 번호를 표시해 놓았다.

MP3 파일
www.nexusbook.com에서 다운로드

전문 원어민 성우들의 생생한 연기를 귀로 들으며, 바로 옆에서 누군가가 동화책을 읽어주는 것처럼 더욱 흥미롭고 효과적으로 학습할 수 있다.

저자 소개

헨리 라이더 해거드(H. Rider Haggard, 1856-1925)는 영국의 대표적인 모험 소설 작가이다. 어린 시절부터 기발한 상상력으로 엉뚱한 아이로 취급받았던 해거드는 남아프리카, 보어 트란스발에 머물며 아프리카에 관한 글을 써서 런던의 잡지사에 기고하며 작가로서의 첫발을 내딛었다.

이후 해거드는 가족을 데리고 영국으로 귀국하여 법률 공부를 시작했고, 1883년부터는 본격적으로 글도 쓰기 시작했다. 1884년에는 그의 처녀작 「여명(Dawn)」과 「마녀의 머리(The Witch's Head)」가 출간되었다. 이어 1885년에는 변호사 자격증을 취득했을 뿐 아니라 그의 대표작이 된 「솔로몬 왕의 광산(King Solomon's Mines)」의 집필도 이루어졌다. 이 작품은 해거드가 자신의 형제들 중 한 명과 스티븐슨의 「보물섬」보다 더 인기 있는 작품을 쓸 수 있는지 내기를 하여 6주만에 집필한 것으로도 알려져 있다. 또한 이어서 발표된 「앨런 쿼터메인(Allan Quatermain)」과 「그녀(She)」, 「아이샤: 그녀의 귀환(Ayesha: The Return of She)」도 큰 호평을 받았다.

그는 평생 영국의 제국주의 정책을 옹호했고 그 자신 또한 미지의 세계로의 모험을 즐겼다. 그러나 한편으로는 원주민들과 그들의 문화에 애착을 가지고 영국을 비롯한 유럽의 아프리카 침략을 경계하기도 했다. 1891년에 맏아들을 잃고 실의에 빠진 해거드는 이후 변호사 생활을 포기하고 작품 활동에만 전념했는데, 1924년 이집트 여행에서 돌아오는 길에 병에 걸려 1925년 5월 14일에 런던에서 사망했다.

작품 소개

모험가이자 사냥꾼인 앨런 쿼터메인은 영국에서 온 신사인 헨리 커티스 경과 굿 대령의 제안을 받고 헨리 경의 실종된 동생을 찾아 나서는 모험에 합류하게 된다. 헨리 경의 동생은 솔로몬 왕의 광산을 찾아 나선 것으로 추정되고, 우연히도 앨런 쿼터메인에게는 그곳으로 가는 옛 지도 한 장이 있다. 여러 차례 죽을 고비를 넘기며 사막을 건너 쿠쿠아나 족의 땅에 도착한 그들은 폭군의 압제에 시달리는 그 나라의 백성을 해방시킨 후 마침내 솔로몬 왕의 광산에 도착한다. 그리고 귀로에는 오아시스 근처에서 헨리 경의 동생을 만나는 행운까지 누린다.

이 흥미진진한 모험담은 미지의 세계에 대한 탐험, 막대한 보물, 원주민들과의 접촉 등 모험 소설의 전형을 고루 갖추고 있으며, 〈인디애나 존스〉로 대표되는 어드벤처 무비의 모티브가 된 작품이기도 하다. 특히 이 작품 속의 주인공인 앨런 쿼터메인은 소설 속 영웅들이 총집합되어 있는 영화 〈젠틀맨리그〉에서 지략과 용기를 갖춘 리더인 마스터 앨런의 모델이다.

인간의 영원한 로망인 보물찾기의 전형을 창조해 낸 이 소설은 당시 미지의 신세계로 한없이 힘을 뻗어 나가던 대영제국의 식민지 정책을 배경으로 아프리카라는 미지의 세계에 대한 영국인의 문화적 우월감, 정의감, 유머 감각을 잘 표현하고 있다. 그러나 한편으로는 원주민에 대한 그의 애정도 잘 나타내고 있다.

Contents

Story 01	**I Meet Sir Henry Curtis** 헨리 커티스 경을 만나다	12
Story 02	**The Legend of Solomon's Mines** 솔로몬 왕의 광산의 전설	27
Story 03	**Umbopa Enters Our Service** 움보파, 우리에게 고용되다	35
Story 04	**An Elephant Hunt** 코끼리 사냥	43
Story 05	**Our March into the Desert** 사막으로의 행군	57
Story 06	**Water! Water!** 물! 물!	71
Story 07	**Solomon's Road** 솔로몬 왕의 대로	81
Story 08	**We Enter Kukuanaland** 쿠쿠아나 땅에 들어가다	95
Story 09	**Twala the King** 트왈라 왕	99
Story 10	**The Witch-Hunt** 마녀 사냥	112

Story 11	**We Provide a Proof** 증거를 제시하다	132
Story 12	**Before the Battle** 전투를 앞두고	145
Story 13	**The Attack** 공격	160
Story 14	**The Last Stand** 마지막 저항	171
Story 15	**Good Falls Sick** 굿 대령, 병들다	192
Story 16	**The Place of Death** 죽음의 장소	199
Story 17	**Solomon's Treasure Chamber** 솔로몬 왕의 보물 창고	204
Story 18	**We Abandon Hope** 희망을 포기하다	215
Story 19	**Ignosi's Farewell** 이그노시의 작별 인사	227
Story 20	**Found** 발견되다	233

Chapter 01

I Meet Sir Henry Curtis

앨런 쿼터메인은 코끼리 사냥꾼이다.
어느 날 그는 영국에서 온 두 신사를 배에서 만난다.
그들은 헨리 커티스 경과 은퇴한 해군 장교인 굿 대령으로
실종된 헨리 경의 동생을 찾으러 아프리카로 온 것이다.

I am fifty-five, and so it is strange that I should find myself taking up a pen to try to write a history. I wonder what sort of a history it will be when I have finished it, if ever I come to the end of the adventure*!

I have done many things in my life, probably because I began working at such a young age. At an age when other boys are at school, I was earning my living as a trader.* I have been trading, hunting, fighting, and mining* ever since. And yet it was only eight months ago that I made my fortune. It is a big fortune,* but I do not think I would go through* the last fifteen or sixteen months again for it. I am almost sick of* adventures now.

I wonder why I am going to write this book: it is not something I would usually do. Let me try to see if I have any reasons for writing this story.

First reason: Sir Henry Curtis and Captain* John Good asked me to write it.

Second reason: I am laid up* here at Durban after having been attacked* by a lion. There must be poison* in a lion's

---

adventure 모험 trader 상인, 무역업자 mine 채굴하다; 광산 fortune 재산, 큰 재물 go through ~을 겪다, 경험하다 be sick of ~에 넌더리 나다 captain 육군 대위, 해군 대령 lay up 앓아눕게 하다 attack 공격하다, 습격하다; 공격, 습격 poison 독(약), 독물

teeth, because whenever my wounds* are healed,* they break out* again. My current* injury* is especially annoying* as I have shot sixty-five lions in my life, and then the sixty-sixth came along and chewed* my leg like tobacco.*

Third reason: I want my boy Harry, who is studying in London to become a doctor, to have something to amuse* him and keep him out of trouble* for a week or so.

Fourth and last reason: This is the strangest story that I remember. It may seem a strange thing to say, especially considering that there is no woman in it—except Foulata. Well, there is also Gagool, but she is a fiend,* not a woman.

Now I'll start the story.

I, Allan Quatermain, of Durban, Natal, Gentleman, make an oath* and say—That's how I began my deposition* before the magistrate* about poor Khiva's and

Ventvögel's sad deaths. However, it doesn't seem quite the right way to begin this book, or any book, for that matter. And, besides, am I really a gentleman? Well, I was certainly born a gentleman, but I have been nothing but a poor traveling trader and hunter all my life.

I have killed many men in my time, but I have never killed innocent* people. I have killed only in self-defense.* The world is a cruel* and wicked* place, and for a timid* man I have been mixed up in a great deal of fighting. I do not know if all of the fights were justified,* but at any rate I have never stolen anything. I did, however, once cheat a Kafir out of* a herd*

---

wound 상처, 부상 **heal** 고치다, 낫게 하다 **break out** 발발하다, 일어나다 **current** 지금의, 현재의 **injury** 상해, 손상 **annoy** 화나게 하다, 짜증나게 하다 **chew** 씹다 **tobacco** 담배 **amuse** ~을 즐겁게 하다, 기분을 풀어 주다 **keep ~ out of trouble** ~을 곤란한 일에서 벗어나 있게 하다 **fiend** 악마 같은 사람, 악귀 **make an oath** 맹세하다, 선서하다 **deposition** 진술 녹취록 **magistrate** 치안 판사, 행정 장관 **innocent** 죄 없는, 결백한 **self-defense** 자기방어, 정당방위 **cruel** 무자비한, 무정한 **wicked** 사악한 **timid** 겁 많은, 소심한 **justify** 정당화하다 **cheat A out of B** A를 속여 B를 빼앗다 **herd** 가축의 떼, 무리

of cattle.

It was eighteen months or so ago that I first met Sir Henry Curtis and Captain Good. I had been elephant hunting beyond Bamangwato, and had met with bad luck. Everything had gone wrong in that trip, and I even had a bad fever. When I was well enough to walk, I went to the Diamond Fields and sold all the ivory* I had. I also sold my wagon* and oxen, discharged* my hunters, and took a cart* to Cape Town. After spending a week there, I decided to go back to Natal by the Dunkeld. Then I waited at the docks* for the ship, which was coming from England. Near the end of the afternoon I took my berth* and went aboard,* and we put to sea* that night.

Among the passengers* who came on board,* there were two who excited my curiosity.* One was a gentleman of about thirty. He had the biggest chest and the longest arms I had ever seen. He had yellow hair, a thick yellow beard, and large, deep-set* gray eyes. I had never seen a finer-looking man. Somehow he reminded me of* an ancient* Dane.* Strangely enough, I later discovered that the big man, whose name is Sir Henry Curtis, is actually of Danish* blood. He also reminded me strongly of someone else, but at the time I could not remember who it was.

The other man, who stood talking to Sir Henry, was chubby* and dark. I saw at once that he was a naval* officer.* I looked through the passengers' lists and found

---

ivory 코끼리의 상아 wagon 짐마차, 사륜마차 discharge 해고하다 cart 이륜 경마차, 짐수레 dock 선창, 부두 berth (배나 기차의) 침상 go aboard (배를) 타다 put to sea 출범하다, 육지를 떠나다 passenger 승객, 여객 come on board 귀선하다, 귀항하다 excite one's curiosity ~의 호기심을 일으키다 deep-set 깊이 파인, 옴폭하게 들어간 remind A of B A에게 B를 생각나게 하다, 상기시키다 ancient 옛, 고대의 Dane 덴마크 사람 Danish 덴마크의, 덴마크 사람의 chubby 토실토실 살찐 naval 해군의 officer 장교, 무관

out that the man was indeed* a naval officer. His name was Good—Captain John Good. He was very neat* and very clean-shaved,* and he always wore an eyeglass in his right eye. It seemed to be an integral* part of his face, and he never took it out except* to wipe* it. Later, I was told that when he goes to sleep, he puts it in his trouser pocket, together with* his false teeth.

Soon after we had got under way,* evening closed in* and brought with it very dirty weather. The Dunkeld was a light, flat-bottomed* ship, so it rolled* very heavily. It was quite impossible to walk about, so I stayed near the engines where it was warm. There I amused myself by watching the pendulum,* which swung* slowly backward and forward as the vessel* rolled.

"That pendulum is not properly*

weighted,*" suddenly said a somewhat testy* voice from behind me. Looking around, I saw the naval officer whom I had noticed earlier.

"What makes you think so?" I asked.

"Think so? I don't think at all. Look over there. If the ship had really rolled to the degree* that thing pointed to, then she would have tipped right over.* That's all."

Just then, the dinner bell rang. Captain Good and I went down to dinner together. There we were met by Sir Henry Curtis, who had already taken his seat. He and Captain Good sat together, and I sat opposite* them. The captain and I soon fell into* conversation about shooting and

---

indeed 정말로, 실제로 **neat** 단정한, 깔끔한 **clean-shaved** 깨끗이 면도한 **integral** 없어서는 안 될, 꼭 필요한 **except** ~을 제외하고 **wipe** 씻다, 닦다 **together with** ~와 함께 **get under way** 항해 중이다 **close in** (밤, 어둠 등이) 다가오다, 가까워지다 **flat-bottomed** (배가) 바닥이 평평한 **roll** 좌우로 흔들리다 **pendulum** 진자, (시계의) 추 **swing** 흔들리다, 진동하다 **vessel** 배 **properly** 알맞게, 올바르게 **weighted** 한쪽으로 치우친, 무게 중심이 맞추어져 있지 않은 **testy** 퉁명스러운, 짜증을 잘 내는 **degree** 정도, 각도 **tip over** 뒤집어엎다 **opposite** 반대편의, 맞은편의 **fall into** ~하기 시작하다, ~에 빠져들다

what not.* He asked me many questions, for he was very inquisitive* about everything. Soon the captain got to the subject of elephants.

"Ah, sir, you've got the right man for that," interrupted* somebody sitting near me. "Hunter Quatermain should be able to tell you everything you need to know about elephants."

Sir Henry, who had been listening quietly to our talk, sat up a little.

"Excuse me, sir," he said in a deep, low voice. "Excuse me, sir, but are you Allan Quatermain?"

"Yes, I am." I said.

The big man did not say anything further to me, but I heard him mutter* "fortunate" into his beard.*

Soon, dinner came to an end.* As we were leaving the dining saloon,* Sir Henry strolled up* and asked me if I would like to join him in his cabin* to smoke a pipe. I accepted,* and he led the way to the deck cabin,* and it was a very good cabin. There was a big, comfortable sofa in the cabin, and a little table in front of it. Sir Henry asked the steward* to bring a bottle of whiskey, and the three of us sat down and lit our pipes.

"Mr. Quatermain," said Sir Henry Curtis, as the steward brought the whiskey, "around this time two years ago, you were, I believe, at a place called Bamangwato, to the north of the Transvaal."

"I was," I answered, rather surprised that this gentleman knew my past movements.

"You were trading there, correct*?" said

---

and what not 등등, ~ 따위 inquisitive 꼬치꼬치 캐묻는, 무척 호기심이 많은 interrupt 말을 끊다, (대화 중에) 끼어들다 mutter 중얼거리다 beard 턱수염 come to an end 끝나다 dining saloon (기선의) 식당 stroll up 어슬렁거리다, 한가히 거닐다 cabin 선실, 객실 accept 수락하다, 받아들이다 deck cabin 갑판 선실 steward (남자) 객실 승무원 correct 옳은, 틀림없는

Captain Good.

"I was."

Sir Henry was sitting across from me in a Madeira chair, his arms leaning on* the table. He now looked up, fixing his large gray eyes fully on my face.

"Did you happen to meet a man called Neville while you were there?"

"Oh, yes. He was there for about two weeks to rest his oxen. I received a letter from a lawyer a few months ago, asking me if I knew what had become of him."

"Yes, and your reply was forwarded* to me," said Sir Henry. "You said in it that Neville had left Bamangwato at the beginning of May in a wagon with a driver, a scout,* and a Kafir hunter called Jim. You said that he had announced* his intention* of trekking* as far as Inyati, the extreme* trading post* in the Matabele country. You also said that he must have sold his wagon, for six months later you saw the wagon in the possession of* a Portuguese* trader who told you that he had bought it at Inyati from a white man."

"Yes."

There was a pause.

"Mr. Quatermain," said Sir Henry at last, "I am going to tell you a story and then ask your advice. I might even ask for your assistance.* I have been told that I can rely on* you as you are well known and universally* respected* in Natal, and especially renowned* for your discretion.*"

I bowed and drank some whiskey to hide my confusion.*

"Mr. Neville is my brother," continued

---

lean on ~에 기대다　forward 전송하다, 발송하다　scout 정찰병, 수색꾼　announce 알리다, 발표하다　intention 의향, 의도　trek 오래 걷다, 오지 여행을 하다　extreme 맨 끝의, 맨 가장자리의　trading post 교역소, 거래소　in the possession of ~에 소유되어, ~이 점유하는　Portuguese 포르투갈 사람　assistance 조력, 원조　rely on ~을 의지하다, 신뢰하다　universally 일반적으로, 널리　respected 소문난, 높이 평가되는　renowned 유명한, 명성 있는　discretion 분별, 신중　confusion 혼동, 당황

Sir Henry.

"Oh," I said, realizing of whom Sir Henry had reminded me when first I saw him.

"He was my only and younger brother," went on Sir Henry. "We were close, until five years ago when we had a big argument.* I behaved* unjustly* to him in my anger.*"

Here Captain Good nodded* his head vigorously.*

"As you probably know, if a man dies without leaving a will,* and has no property* but land, it all descends* to his eldest son," Sir Henry went on. "It so happened that just at the time when we had the argument, our father died without a will. As a result, my brother, who had not been brought up to any profession,* was left without a penny. At the time, I was so bitter* from the argument that

I did not offer to do anything for him. My brother had a few hundred pounds at the time. Without saying anything to me, he drew out* this money, and, having adopted* the name of Neville, left for South Africa in the wild hope of making a fortune. That was three years ago, and I still haven't heard anything of my brother. I would give half my fortune to know that my brother George, the only relation* I possess,* was safe and well.*"

"But you never did, Curtis," said Captain Good, glancing at* the big man's face.

"Well, Mr. Quatermain, as time passed I became more and more anxious to* find out if my brother was alive or dead,

---

have an argument 말다툼하다 **behave** 행동하다, 처신하다 **unjustly** 부당하게 **in anger** 성내어 **nod** 끄덕이다 **vigorously** 활기 있게, 격렬하게 **will** 유언 **property** 재산, 자산 **descend** 전해지다, 내려오다 **profession** 직업, 전문직 **bitter** 씁쓸한, 불쾌한 **draw out** (돈을) 찾다 **adopt** 취하다, 선택하다 **relation** 친족 **possess** 소유하다 **safe and well** 무사히 **glance at** ~을 흘긋 보다 **be anxious to** ~하기를 열망하게 되다, ~하기를 간절히 바라게 되다

and to have him home again. I began my inquiries,* and your letter was one of the results. To cut a long story short,* I made up my mind* to come out and look for him myself, and my friend Captain Good was so kind as* to come with me."

"Yes," said the captain. "And now perhaps, sir, could you tell us what you know or have heard of the gentleman called Neville?"

Chapter 02

The Legend of Solomon's Mines

쿼터메인은 솔로몬 왕의 광산에 대한 전설을 이야기한다.
솔로몬 왕의 다이아몬드 광산이 있는데,
헨리 경의 동생이 그것을 찾으러 떠난 것이다.
헨리 경은 쿼터메인에게 수색대에 합류해 줄 것을 제안한다.

"What did you hear about my brother's journey at Bamangwato?" asked Sir Henry.

"I heard that he was starting for Solomon's Mines," I said.

"Solomon's Mines?" said both of them

---

inquiry 조사   to cut a long story short 요약하자면   make up one's mind 결심하다, 마음먹다   so A as B B만큼 A한

at once. "Where are they?"

"I don't know," I said. "I only know where they are said to be. I did once see the peaks* of the mountains that border* them, but there were a hundred and thirty miles of desert between me and them. No white man has ever got across that desert except one. The best I can do is to tell you the legend of Solomon's Mines as I know it. But you'll have to promise me that you will not tell anyone what I am about to* tell you without my permission.* Can you promise me that? I have legitimate* reasons for asking."

They both nodded.

"Well, generally speaking, elephant hunters are a rough* set of men," I said. "But sometimes you come across* an elephant hunter who takes the trouble to* collect* traditions* from the natives,* and tries to make out* a little piece of the history of this dark land. I first heard the legend of Solomon's Mines from such a man around thirty years ago. I was on my first elephant hunt in the Matalebe country. The man's name was Evans, and he was killed the following year. One night, I was telling him of some wonderful workings* I had found while hunting koodoos* and elands* in, what is now the Lydenburg district* of the Transvaal. Then Evans interrupted my story and told me what he had found in the far interior* —a ruined* city, which he believed to be the Ophir of the Bible. 'Ah,' said Evans, 'if Solomon really had his mines, his diamond mines, they were there. It cannot

---

peak 산꼭대기, 봉우리　**border** 접경하다, ~의 경계를 이루다　**be about to** 막 ~하려고 하다　**permission** 허가, 허락　**legitimate** 정당한, 타당한　**rough** 난폭한, 거친　**come across** ~을 (뜻밖에) 만나다, 발견하다　**take the trouble to** 수고를 아끼지 않고 ~하다　**collect** 모으다, 수집하다　**tradition** 전설, 구전되는 것　**native** 원주민　**make out** 이해하다, 알아보다　**workings** (광산, 채석장 등의) 작업장, 현장　**koodoo** 얼룩영양　**eland** 일런드영양(아프리카산 영양)　**district** 지구, 지역　**interior** 내륙의, 내지의　**ruined** 폐허가 된

be simple coincidence* that the mountains there are called Suliman's Mountains!'

"I laughed at this story at the time because the Diamond Fields were not discovered then. Then poor Evans went off and was killed, and for twenty years I never thought any more of the matter. But twenty years later, I was up beyond the Manica country at a place called Sitanda's village. I had just recovered* from a terrible fever, and I was watching the sun set over the desert when I saw a man crawling* toward our camp on his hands and knees. Seeing that it must be somebody in distress,* I sent one of my men to help him. The man turned out* to be a Portuguese hunter named José Silvestre. He was all skin and bones.* I gave him some water, which he drank in great, big gulps.* Then a fever took a hold of* him. He fell to the ground and began to rave* about Suliman's Mountains, and the diamonds, and the desert. I carried him into the tent and did what I could for him, but I knew that he would die soon. Just before he passed away* that night, he gave me a bit of torn yellow linen on which something was written in rusty* letters. Inside this rag* was a piece of paper. He told me that it had been passed down* in his family, and that it would make me the richest man in the world."

"What was on the document*?" asked the captain.

"It was a map. I have a copy of it in my pocket book. Here it is."

When I showed the copy of the map, drawn by the hand of a dying man with his

---

coincidence 일치, 부합 **recover** 건강을 회복하다 **crawl** 기어가다, 포복하다 **in distress** 곤경에 처한, 조난당한 **turn out** 밝혀지다 **all skin and bones** 뼈만 앙상한, 피골이 상접한 **gulp** 꿀꺽꿀꺽 마심 **take a hold of** ~을 잡다, ~을 붙잡다 **rave** 헛소리하다, 횡설수설하다 **pass away** 세상을 떠나다 **rusty** 무디어진, 서툴러진 **rag** 헝겊, 넝마 **pass down** 전하다, 물려주다 **document** 문서, 서류

blood for ink, there followed a silence of astonishment.*

"And as for your brother, I knew the man Jim who was with him," I continued. "That morning, on which Mr. Neville was leaving, I saw Jim standing by my wagon and cutting up tobacco.

'Jim, what are you going after* on this trip?' asked I. 'Elephants?'

'No,' he answered, 'we are after something worth much more than ivory.'

'Is it gold?'

'No, master, we are going after diamonds. Have you ever heard of Suliman's Mountains, and the diamonds there?'

'I have heard the foolish story, Jim.'

'It is not a foolish story, master.'

'Your master will feed the vultures,* Jim, if he tries to reach Suliman's country,' said I.

He grinned.* 'Perhaps, master. But I'd

really like to try a new country myself.'

'Then, Jim, will you take this note to your master, and promise not to give it to him till you reach Inyati?' said I. Inyati was some hundred miles off.

'Yes, master.'

So I took a scrap* of paper, and wrote on it, 'Let him who comes in search of* Solomon's Mines climb the snow of Sheba's left Breast, till he reaches the peak, on the north side of which is Solomon's great road.' These were the clues* from the map I had received from José Silvestre.

Jim took the note, and I saw Neville's wagon leave half an hour later. That is all I know about your brother, Sir Henry."

"Mr. Quatermain, I am going to look for my brother," said Sir Henry. "Will you

---

astonishment 놀람, 경악　**go after** ~을 추구하다, 얻으려고 하다　**vulture** 독수리, 콘도르　**grin** 이를 드러내고 싱긋 웃다　**scrap** 한 조각　**in search of** ~을 찾아서　**clue** 실마리

come with me?"

"No, thank you, Sir Henry," I answered. "I am too old. And besides, we would only end up like my poor friend Silvestre. Also, I have a son who is dependent on* me."

Both Sir Henry and Captain Good looked disappointed.

"Mr. Quatermain, I will pay any price for your help," said Sir Henry. "My good friend Captain Good will also be generously* awarded.* Also, I will arrange* in the event of* anything unfortunate happening to us or to you, that your son shall be well taken care of. And I will pay for all the expenses of the trip, of course."

"Sir Henry, I need some time to think it over," I said. "I will give you my answer before we get to Durban."

"Very good," said Sir Henry.

Then I said goodnight and turned in.*

Chapter 03

Umbopa Enters Our Service

쿼터메인은 모험에 합류하기로 결정하고
여행에 필요한 물품을 갖추고 동행할 하인들을 모집한다.
그때 움보파라는 이름의 줄루족 청년이 찾아와
자신을 수색대에 넣어 달라고 부탁한다.

It took five days to run up from the Cape Town to Durban.

"Well, Mr. Quatermain," said Sir Henry as the ship pulled into harbor.* We were smoking our pipes on deck. "Have you

---

be dependent on ~을 의지하다, 의존하다   generously 아낌없이, 후하게   award 수여하다, 주다   arrange 정하다, 준비하다   in the event of ~의 경우에(는)   turn in 잠자리에 들다   harbor 항구, 항만

been thinking about my proposals*?"

"Yes," I said. "I will go. I will tell you why, and on what conditions.* First, I ask the following terms.*

1. You are to pay all expenses, and any ivory and other valuables we may get are to be divided between Captain Good and myself.

2. That you give me £500 for my services before we start. I will serve you faithfully* till you choose to abandon* the enterprise,* or till we succeed, or till we die.

3. That before we start you execute* a deed* agreeing, in the event of my death or disablement,* to pay my boy Harry, who is studying medicine* over there in London, a sum of £200 a year for five years."

"I accept your terms gladly," said Sir Henry.

"And now that* I have got my terms, I

will tell you my reasons for making up my mind to go," I said. "First of all, gentlemen, I have been observing* you both for the last few days. I can say that I like you, and I believe that we will work well together. That is important in a long journey like this."

Later that day we went ashore,* and I put up* Sir Henry and Captain Good at the little cottage I have built on the Berea which I call my home. I spent the day purchasing* a wagon and a beautiful team of twenty Zulu oxen, which I had kept my eye on for a year or two. Then with the help of Captain Good, who turned out to be a bit of a doctor, I bought some provisions* and medicines.*

---

proposal 제안, 제의   **condition** 조건   **terms** 조건, (계약 등의) 조항   **faithfully** 충실하게, 성실하게   **abandon** 포기하다   **enterprise** 모험적인 사업   **execute** 집행하다   **deed** 증서, 각서   **disablement** 장애를 입음   **medicine** 의학   **now that** ~이니까   **observe** 관찰하다, 주시하다   **go ashore** 상륙하다   **put up** (자기 집에) ~을 묵어가게 해 주다   **purchase** 사다, 구입하다   **provisions** 식량, 양식   **medicine** 약

There remained two far more important points for consideration,* namely,* that of arms* and that of servants. As to the arms, the huge collection* Sir Henry had brought with him from England and my own collection were more than enough.

Now what about the men who were to go with us? After much consultation,* we decided that their number should be limited* to five—a driver, a leader, and three servants.

I found the driver and the leader easily—two Zulus, named Goza and Tom, respectively.* But finding the servants proved a more difficult matter. At last I found two, one a Hottentot named Ventvögel and the other a little Zulu named Khiva, who could speak English perfectly. Ventvögel I had worked with before; he was one of the most perfect game* trackers.* His only weakness* was that he liked alcohol too much.

On the night before our departure,* Khiva said a man was waiting to see me. Presently* a tall, handsome man, somewhere about thirty years of age, and very light-colored for a Zulu, entered. He lifted* his knob stick* by way of* salute,* squatted himself down* in the corner on his haunches,* and sat silent. I observed that he wore on his head the black ring,* which is usually assumed* by Zulus on attaining* a certain age or dignity.* Also, I noticed that his face was familiar to me.

"What is your name?" I said at last.

"Umbopa," he answered in a deep, slow voice.

---

consideration 고려 사항 **namely** 즉, 다시 말해 **arms** 무기 **collection** 수집품, 소장품 **consultation** 협의, 상의 **limit** 한정하다, 제한하다 **respectively** 각각 **game** 사냥감 **tracker** 추적자, 수색자 **weakness** 약점 **departure** 출발 **presently** 이윽고, 얼마 안 있어 **lift** 들어 올리다 **knob stick** 머리에 혹이 달린 곤봉 **by way of** ~의 형태로, ~ 대신 **salute** 경례 **squat oneself down** 쪼그리고 앉다 **haunch** 궁둥이, 둔부 **ring** 고리 **assume** 당연한 일로 치다, 추정하다 **attain** 달성하다, 이루다 **dignity** 위엄, 품위

"I have seen you before."

"Yes. You saw my face at the place of the Little Hand on the day before the battle.*"

I remembered. I was one of Lord Chelmsford's guides during the Zulu War. That is where I had fallen into conversation with this man, who held some small command* among the native auxiliaries.*

"I remember," I said. "What do you want?"

"I hear that you are going on a great expedition* far into the North," he said. "Is it true?"

"It is."

"I hear that you will go past the Lukanga River, a month's journey beyond the Manica country. Is this also true, sir?"

"Why do you ask?" I answered suspiciously.* "What is it to you?"

"Because I would like to travel with you,

if indeed you travel so far."

"Who are you?" I asked.

"My name is Umbopa. My tribe* is in the far North. It was left behind when the Zulus came down here a thousand years ago. I have no home. I have been wandering from place to place for many years. I was Cetewayo's man in the Nkomabakosi Regiment.* Afterward, I ran away and came to Natal because I wanted to see the white man's ways. Since then I have been working in Natal. Now I am tired, and I would like to go north again. This is not my place. I want no money, but I am a brave man, and am worth my place and meat."

Somehow he seemed different from the ordinary run* of Zulus, and I rather*

---

battle 전투, 전쟁   **command** 지휘, 통솔권   **auxiliaries** 원군, 외인부대
expedition 원정   **suspiciously** 의심쩍게   **tribe** 부족   **regiment** 연대, 부대   **ordinary run** 보통 사람   **rather** 오히려, 차라리

mistrusted* his offer to come without pay. I translated* his words to Sir Henry and Good, and asked them their opinions.*

Sir Henry told me to ask Umbopa to stand up. Umbopa did so. He was a magnificent*-looking man. He was about six foot three* and had broad shoulders. Sir Henry walked up to Umbopa and looked into his proud, handsome face.

"They make a good pair, don't they?" said Captain Good. "One as big as the other."

"I like the way you look, Mr. Umbopa, and I will take you as my servant," said Sir Henry in English.

"It is well," Umbopa answered in Zulu. He evidently* understood Sir Henry. Then he glanced at the white man's great stature.* "We are men, you and I," he added.

Chapter 04

An Elephant Hunt

마침내 더반을 떠나 모험을 시작한 일행은
얼마 안 가 코끼리 떼를 만나고 사냥을 하기로 한다.
그러던 중 흥분한 코끼리에 쫓기는 굿 대령을 구하려다가
줄루족 수행인 키바는 비참한 죽음을 맞는다.

We left Durban at the end of January, and it was in the second week of May that we camped near Sitanda's village, near the junction* of the Lukanga and Kalukwe

---

mistrust 신용하지 않다, 불신하다　translate 통역하다, 번역하다　opinion 의견, 견해　magnificent 장대한, 거대한　six foot three 6피트 3인치(=six feet three)　evidently 분명히, 명백히　stature 키, 신장　junction 접합점, 합류점

Rivers. We had many adventures on the way, but only one deserves* attention.

At Inyati, the isolated* trading station in the Matabele country, of which Lobengula (a great and cruel scoundrel*) is King, we parted from our comfortable wagon. By this time, only twelve oxen remained out of the beautiful twenty which I had bought at Durban.

We left the wagon and oxen in the immediate charge of* Goza and Tom, our driver and leader. Then, accompanied* by Umbopa, Khiva, Ventvögel, and half a dozen porters* whom we hired* on the spot,* we started off on foot upon our wild quest.* We walked in silence for some time, till Umbopa, who was marching* in front, broke into a Zulu chant.* Umbopa was a cheerful man, and everyone grew very fond of him.

About two weeks' march from Inyati,

we came across a strange yet beautiful woodland* country. There were a lot of lovely machabell trees,* laden with* refreshing* yellow fruit. This tree is elephants' favorite food. It was clear that they were around, as in many places the trees were broken down and even uprooted.* Elephants are destructive* animals.

One evening, after a long day's march, we came across a troop* of tall giraffes. They were about three hundred yards from us, and hence* practically* out of shot.* But Good, who was walking ahead, lifted his gun and shot at the last, a young cow.* He somehow managed to* hit his

---

deserve ~할 만하다 isolated 고립된, 격리된 scoundrel 악당, 건달 in the immediate charge of ~의 직접적인 책임 하에 있는 accompany 동반하다, 동행하다 porter 운반인, 짐꾼 hire 고용하다 on the spot 즉각, 즉석에서 quest 탐색, 탐구 march 행진하다, 행군하다 chant 노래 woodland 삼림지, 삼림 지대 machabell tree 마차벨 나무 laden with ~을 싣고 있는, ~이 잔뜩 열린 refreshing 신선한 uproot 뿌리째 뽑다 destructive 파괴적인 troop 무리, 떼 hence 그러므로, 따라서 practically 실지로, 실제로는 out of shot 사정거리 밖에 cow 암컷 manage to 그럭저럭 ~하다, 용케 ~하다

target.* The bullet* shattered* the spinal* column* and that giraffe went rolling head over heels just like a rabbit. From that day Good's reputation as a good shot was established* among the Kafirs. In reality* he was a bad shot, but whenever he missed we overlooked* it for the sake of* that giraffe.

Having set some of the boys to cut off the giraffe's meat, we went to work to build a cottage near one of the pools and about a hundred yards to its right. By the time the cottage was finished the moon was up, and our dinners of giraffe steaks and roasted* marrowbones* were ready. We ate our simple meal by the moonlight.

After the meal we smoked. I, with my short grizzled hair,* and Sir Henry, with his yellow locks* were a great contrast.* Also, I am thin, and short, and dark, weighing only nine and a half stone, whereas* Sir Henry is tall, and broad, and fair, and weighs fifteen stone. But perhaps the most curious-looking of the three was Captain John Good. There he sat upon a leather bag, looking absolutely* clean, tidy, and well dressed. He wore a shooting suit of brown tweed,* with a hat to match, and gaiters.* As usual, he was meticulously* shaved, his eyeglass and his false teeth appeared* to be in perfect order. Altogether* he looked like the neatest man I ever had to work with in the wilderness.*

As we three sat there, talking in the beautiful moonlight, there suddenly came a loud "woof,* woof!" from the bush* behind us. Then, from the pool, about a hundred yards off, we heard the strident* trumpeting* of an elephant.

"Elephant! Elephant!" whispered the Kafirs.

A minute later, we saw a succession of* vast* shadowy* forms moving slowly from the direction of* the water toward the bush.

Good jumped up, grabbing his gun. He seemed to think that it would be as easy to kill elephants as he had killed the giraffe. I caught him by the arm.

"It's not a good idea," I whispered. "Let them go."

"We seem to be in a paradise* of game," said Sir Henry. "Let's stay here a day or two, and have a go at* them."

I was rather surprised, for up to that time Sir Henry had always emphasized* pushing forward as fast as possible. I suppose* his hunter instincts* got the better of* him.

Good jumped at the idea, for he was dying to have a shot at those elephants. To be honest, so was I, for it went against my conscience* to let such a herd as that escape without a shot at them.

"All right," I said. "We need a little recreation.* Let's turn in now, as we need to set off by dawn. Perhaps we may catch them feeding before they move on."

Just as everyone was about to fall asleep, suddenly, from the direction of the water, came sounds of violent* scuffling.* The next minute, we heard a succession of the most awful roars.* Only a lion could

---

strident 귀에 거슬리는, 소리가 불쾌한　**trumpet** 코끼리가 울부짖다　**a succession of** 일련의　**vast** 거대한　**shadowy** 어슴푸레한, 흐릿한　**from the direction of** ~의 방향에서부터　**paradise** 낙원　**have a go at** ~을 공격하다　**emphasize** 강조하다, 역설하다　**suppose** 추정하다, 생각하다　**instinct** 본능　**get the better of** ~에 이기다　**conscience** 양심, 도의심　**recreation** 기분 전환, 오락　**violent** 맹렬한, 난폭한　**scuffle** 격투하다, 난투하다　**roar** 으르렁거리는 소리, 포효

make such a noise. We all jumped up and looked toward the water. There we saw a confused* mass,* yellow and black in color, staggering* and struggling* toward us. We seized* our rifles,* put on our boots and ran out of the cottage. By this time the mass had fallen, and was rolling over and over on the ground. By the time we reached the spot, it was quite still.

Now we saw what it was. On the grass there lay a black antelope.* It was dead, and pierced* by and stuck to* its great curved horns was a magnificent lion, also dead. The lion had obviously* jumped upon the antelope while it was drinking water from the pool, only to be received upon the sharp curved horns. Then the lion, unable to free itself, had bitten at the back and neck of the antelope, which, maddened with* fear and pain,* had rushed on until it dropped dead.

We managed to drag their carcasses* up to the cottage. After that, we went in and lay down, and slept till dawn.

With the first light we were up and preparing for the hunt. After a quick breakfast, we started, Umbopa, Khiva, and Ventvögel accompanying us. We left the other Kafirs with instructions* to skin the lion and the black antelope, and to cut up the latter's meat.

We had no difficulty in finding* the broad elephant trail,* which Ventvögel guessed to have been made by between twenty and thirty elephants, most of them full-grown bulls.* A little after ten o'clock we caught sight of* the herd, which numbered, as Ventvögel had said,

---

confused 분명치 않은, 혼란스러운 **mass** (형체가 분명하지 않은) 덩어리 **stagger** 휘청거리다, 비틀거리다 **struggle** 몸부림치다, 악전고투하다 **seize** 붙잡다, 꽉 쥐다 **rifle** 라이플총, 소총 **antelope** 영양 **pierce** 꿰뚫다, 관통하다 **stick to** ~에 달라붙다 **obviously** 명백하게, 분명히 **(be) madden with** ~로 미치다 **pain** 고통 **carcass** 시체, 죽은 동물 **have no difficulty in -ing** ~하는 데 어려움을 겪지 않다 **instructions** 명령, 지시 **trail** 지나간 자국, 흔적 **bull** (코끼리 같은 큰 동물의) 수컷 **catch sight of** ~을 보다

between twenty and thirty. They were standing in a hollow,* having finished their morning meal, and flapping* their great ears. We crept* on stealthily,* and managed to get within forty yards or so of the great brutes.* Just in front of us stood three splendid* bulls, one of them with enormous* tusks.* I signaled* to the others that I would take the middle one. Sir Henry was to take the elephant to the left, and Good the bull with the big tusks.

"Now," I whispered.

Boom*! Boom! Boom! The three heavy rifles sounded, and down came Sir Henry's elephant dead as a hammer,* shot right through the heart. Mine needed an extra* shot to the brain before it died. Meanwhile,* Good's elephant, on receiving the bullet, had turned and come straight for its enemy, who had barely time to get out of his way.* The bull charged* on blindly* past him, in the direction of our camp. Meanwhile, the herd had run off in wild alarm* in the other direction.

We decided to follow the herd, thinking that we had seen the last of those big tusks. It was easy work to follow the elephants, for they had left a trail like a carriage road behind them. By the end of the afternoon, we had killed eight elephants. We decided to call it a day.*

The Kafirs cut out the hearts of two of the dead elephants for supper, and we rested for a while. Then we started homeward,* having agreed to send the porters the day after to chop away* the tusks.

After a while, we came across a herd of

---

hollow 움푹 꺼진 땅 flap 펄럭거리다 creep 살금살금 움직이다 stealthily 몰래, 은밀히 brute 짐승, 동물 splendid 멋진, 훌륭한 enormous 거대한, 엄청난 tusk (코끼리 등의) 엄니, 상아 signal 신호를 보내다 boom (총, 대포 등이) 탕 하고 울리는 소리 hammer 해머, 망치 extra 여분의, 추가의 meanwhile 그 사이에, 한편 get out of one's way (방해가 되지 않게) 비키다 charge 습격하다, 돌격하다 blindly 맹목적으로, 무턱대고 in alarm 깜짝 놀라서 call it a day 오늘은 그것으로 끝내다 homeward 귀로의, 집으로 향하여 chop away 잘라 내다

eland. We had plenty of meat, so we did not shoot at them. They trotted* past us, and then stopped behind a little patch of* bush about a hundred yards away. Good was anxious to get a closer look of them, never having seen an eland close. He handed his rifle to Umbopa, and, followed by Khiva, strolled up to the patch of bush. We sat down and waited for him.

Sir Henry and I were admiring* the lovely, setting sun, when suddenly we heard an elephant scream.* We turned around to see the angry elephant charging toward us. The next second we saw Good and Khiva tearing back* toward us with the wounded* bull. The angry bull was actually charging at them, not us. For a moment, we did not dare to fire for fear of* hitting one of them, and then a dreadful* thing happened. Good fell victim to* his love for civilized* dress. Had he consented* to discard* his trousers and gaiters like the rest of us, and to hunt in a flannel shirt and a pair of leather shoes, it would have been all right. But as it was, his trousers hindered* him in that race. When he was about sixty yards from us, his boot slipped, and down he went on his face* right in front of the elephant.

We gasped,* thinking that he would die, and ran as hard as we could toward him. It was not he, however, who died. Khiva, the Zulu boy, seeing his master's life in danger, turned and threw his spear* straight into the elephant's face. It struck its trunk.*

With a scream of pain, the brute seized the poor Zulu boy, threw him to the ground. Then it placed one huge foot on

---

trot 빠른 걸음으로 가다 a patch of 작은 땅 한 뙈기의 admire 감탄하다
scream 소리치다 tear back 쏜살같이 돌아오다 wounded 상처를 입은
for fear of ~을 두려워하여 dreadful 끔찍한 fall victim to ~의 희생양이 되다 civilized 품위 있는, 고상한 consent 동의하다, 승낙하다 discard 버리다 hinder 방해하다, 거추장스럽게 하다 on one's face 엎어져, 엎드려서
gasp 숨이 턱 막히다, 헉 하고 숨을 멈추다 spear 창 trunk 코끼리 코

to his body about the middle, twined* its trunk around his upper* part and tore him in two.*

We rushed up mad with horror, and fired and fired till the elephant fell upon the body of the Zulu.

As for Good, he rose and put his arms around the brave man who had given his life to save him. Umbopa stood looking at the huge dead elephant and the poor Khiva.

"Ah, well," he said at last, "he is dead, but he died like a man!"

Chapter 05

Our March into the Desert

다시 길을 떠난 일행은
사막으로 들어가기 전에 시탄다 마을에 도착한다.
이곳에서 여행 준비 사항을 다시 한 번 점검하고
그들은 본격적으로 광산을 향해 출발한다.

We had killed nine elephants, and it took us two whole days to cut out the tusks. We brought them back to camp and buried* them carefully in the sand under a large tree.

twine 휘감다, 휘감기게 하다   upper 상부의   tear ~ in two ~을 두 동강 내다
bury 묻다, 매장하다

As for Khiva, we buried him in an ant bear* hole, together with a spear to protect himself with on his journey to the next world. On the third day, we set off again, hoping that we might live to return to dig up* our buried ivory.

After a long and tiresome* tramp,* we reached Sitanda's village, near the Lukanga River. This was the real starting point of our expedition.*

Just below our camp at Sitanda's village flowed a little stream, on the farther side of which was a stony* slope.* That was where, twenty years before, I had seen poor Silvestre creeping back after his attempt* to reach Solomon's Mines. Beyond the slope began the waterless* desert.

It was evening when we pitched our camp.* Leaving Good to watch over the arrangement* of our little camp, I took Sir Henry with me to the top of the slope opposite. We gazed* across the desert at Suliman's Mountains.

"There is the wall around Solomon's Mines," I said. "Only God knows if we shall ever climb it."

"My brother is there, and I will reach him somehow," said Sir Henry, in his usual tone of quiet confidence.

"I hope so," I answered, turning to go back to the camp, when I saw that we were not alone. Behind us, also gazing earnestly* toward the mountains, stood Umbopa.

"Is that where we are going, sir?" he said to Sir Henry pointing toward the mountain with his spear.

I translated what he said. I was curious

---

ant bear 개미핥기 **dig up** 파내다 **tiresome** 성가신, 짜증스러운 **tramp** 도보 여행, 오래 걷기 **expedition** 원정, 탐험 여행 **stony** 돌의, 돌이 많은 **slope** 비탈 **attempt** 시도, 기도 **waterless** 물이 없는, 마른 **pitch a camp** 막사를 설치하다, 야영지를 만들다 **arrangement** 준비, 정리 **gaze** 뚫어지게 보다, 응시하다 **earnestly** 진지하게, 진정으로

to know what he had to say.

"Yes, Umbopa," answered Sir Henry. "That is where we are going. I am going there because my brother, I believe, is there. I am going there to find him."

"Your brother is there, sir. A man I met on the road told me that a white man went out into the desert two years ago toward those mountains with one servant, a hunter. He said they never came back."

"How do you know that was my brother?" asked Sir Henry.

"The man said that he had your eyes and a black beard when I asked what the white man was like. He also said that the name of the hunter with him was Jim and that he was a Bechuana hunter."

"That is Jim," I said. "I knew him very well."

"This will be a long and dangerous journey, sir," said Umbopa, and I translated his remark.*

"Yes," answered Sir Henry. "But there is no journey upon this earth that a man may not make if he sets his mind to* it."

I translated. Umbopa laughed.

"It seems to me that we are much alike, sir," Umbopa said. "Maybe I'm looking for a brother over the mountains."

I looked at Umbopa suspiciously.

"What do you mean?" I asked. "What do you know of those mountains?"

"Very little. Over there is a strange land, filled with witchcraft* and beautiful things. It is a land of brave people, and of trees, and streams, and snowy peaks, and of a great white road. That is what I heard. But what good is it to talk? It's getting dark. Those who make it there will see."

Again I looked at him suspiciously. The

---

remark 의견, 말; 말하다 **set one's mind to** ~에 마음을 쏟다, 전념하다
witchcraft 마법, 요술

Zulu knew too much.

"You need not fear me, sir," he said. "I'm not making plots* against you. If we ever cross those mountains behind the sun, I will tell you what I know. But Death sits upon those dangerous mountains. The wise thing to do would be to turn back. Go back and hunt elephants, my masters. That is all I can say."

He lifted his spear in salutation* and walked back to the camp. Shortly afterward, we found him cleaning a gun like any other Kafir.

"That is a strange man," said Sir Henry.

"Yes," I said. "There's something I don't like about him. He knows something, but he won't tell us. Well, we are in for* a strange trip, and a mysterious Zulu won't make much difference one way or another.*"

The next day, we made our arrangements

for* the journey ahead. Of course it was impossible to drag our heavy elephant rifles and other things with us across the desert. So we dismissed* our porters and made an arrangement with* an old native who had a village close by to take care of our gear* till we returned.

Then we arranged the things we five—Sir Henry, Good, myself, Umbopa, and the Hottentot Ventvögel—were to take with us on our journey. Then, with the promise of giving a good hunting knife each, I succeeded in persuading* three natives to carry drinking water for the first stage.*

The next day we rested and slept all day. Then as the moon rose just after nine o'clock, we rose up and in a few minutes were ready.

"And now, let's go!" said Sir Henry at last.

So we were on our way. We had nothing to guide ourselves by except the distant mountains and José Silvestre's ancient map. The map had been drawn by a dying man on a fragment* of linen three centuries ago, so it was not a very satisfactory* sort of thing to work with. Still, our only hope of success depended on it. If we failed to find that pool of bad water which was marked on the map, we must die of thirst.

We walked, pretty much in silence, till about one o'clock. We drank a little water and rested for half an hour, and then started again.

We walked on and on till the break of day. We were all tired but we did not stop, for we knew that when once the sun was fully up it would be almost impossible for us to travel. About an hour later, we noticed a little pile of rocks rising out of the plain,* so we dragged ourselves to it. Fortunately for us, this gave us a most welcome shelter* from the heat. We drank some water, ate a bit of dried meat, and lay down and soon we were sound asleep.

At three o'clock in the afternoon, we woke to the sound of the natives preparing to return. So we took a hearty drink* and filled up our water bottles, and then watched them leave.

At half-past four, we also set off. It was lonely and desolate* out in the desert. With the exception of* a few ostriches,* there was not a single living creature* to be seen.

---

fragment 조각, 단편 **satisfactory** 만족스러운 **plain** 평지, 평원 **shelter** 피난처, 은신처 **take a hearty drink** 양껏 마시다, 충분히 마시다 **desolate** 고적한, 너무나 외로운 **with the exception of** ~을 예외로 하면 **ostrich** 타조 **creature** 생물

At sunset, we stopped and waited for the moon to rise. At last she came up, and with just one more stop at about two o'clock in the morning, we walked on wearily* through the night. We drank a little and flung ourselves down* on the sand as the sun was coming up. Thoroughly* tired out,* we soon fell asleep. This time we were not so lucky as to find a sheltering rock to guard us from the glare* of the sun, so we all woke up at about seven o'clock, feeling like turkeys in an oven. We were literally* being baked. We sat up and breathed* heavily.

"Phew," said I, grabbing at the flies which buzzed* cheerfully around my head. The heat did not seem to affect* them.

"My word!" exclaimed Sir Henry.

"It is hot!" said Good.

"What shall we do?" asked Sir Henry. "We can't stand this for long."

We looked at each other blankly.*

"I have an idea!" said Good. "We need to dig a hole, get in it, and cover ourselves with the bushes."

It did not seem a very promising* suggestion, but at least it was better than nothing. We set to work, and there certainly were a lot of scrubs* around. In about an hour, we managed to dig out a patch of ground about ten feet long, twelve feet wide, and two feet deep. Then we cut some low scrub with our hunting knives, crept into the hole, and pulled it over us all. Ventvögel did not join us. He was a Hottentot, so the heat had no particular effect on* him.

In the hole we lay panting,* and every

---

wearily 지치도록   **fling down** 내팽개치다, 내던지다   **thoroughly** 완전히, 철저히   **tired out** 녹초가 된   **glare** 눈부심, 환한 빛   **literally** 문자 그대로   **breathe** 숨 쉬다   **buzz** 윙윙거리다   **affect** ~에 영향을 미치다   **blankly** 멍하니, 우두커니   **promising** 장래성 있는, 전도유망한   **scrub** 작은 나무, 관목   **have no particular effect on** ~에게는 하등의 특별한 영향이 없다   **pant** 헐떡이다

now and again* we moistened* our lips with our scanty* supply of water. Somehow that miserable day wore on* toward evening. At about three o'clock in the afternoon, we decided that we could not take it* any longer. It was better to die walking than to be killed slowly by heat and thirst in the dreadful hole. We drank a little from our fast diminishing* supply of water, and staggered forward.

By that time we had covered* approximately* fifty miles of wilderness. According to the map, we were within twelve or fifteen miles of the pool of bad water, if any should really exist.*

Through the afternoon, we crept slowly and painfully* along, scarcely covering more than a mile and a half an hour. At sunset, we stopped again to wait for the moon, and after drinking a little managed to get some sleep.

Before we lay down, Umbopa pointed out to us a small and indistinct* hill on the flat* surface* of the plain about eight miles away. In the distance it looked like an anthill,* and as I was dropping off to sleep* I wondered what it could be.

As the moon rose, we marched again. We were all dreadfully exhausted and suffering from thirst and prickly heat.* Nobody who has not experienced it can know what we went through. We were no longer walking. We staggered, now and again* falling from exhaustion.* We had to stop every hour or so.

At last, around two o'clock in the morning, we came to the foot of the

---

every now and again 때때로, 이따금 **moisten** 축이다, 적시다 **scanty** 빈약한, 얼마 안 되는 **wear on** 지나다, 경과하다 **take it** (고통 등을) 견디다, 참다 **diminish** 줄어들다, 감소하다 **cover** 답파하다, (일정 거리를) 가다 **approximately** 대략, 약 **exist** 존재하다 **painfully** 고통스럽게, 애써 **indistinct** 희미한, 흐릿한 **flat** 평평한 **surface** 표면 **anthill** 개밋둑 **drop off to sleep** 잠들다 **prickly heat** 땀띠 **now and again** 때때로, 이따금 **exhaustion** 탈진, 기진맥진

strange hill. At first sight, it resembled* a gigantic* ant heap,* about a hundred feet high and covering at the base nearly two acres* of ground.

Here we stopped, and driven mad by our desperate* thirst, sucked* down our last drops of water.

Just as I was dropping off to sleep, I heard Umbopa mutter something in Zulu.

"If we cannot find water, we will all be dead before the moon rises tomorrow," he said.

Chapter 06

Water! Water!

사막에서 고된 행군을 하던 쿼터메인 일행은
갈증과 더위로 죽을 위기에 처한다.
절체절명의 순간 물과 음식을 발견한 그들은 힘을 얻고
며칠 후에는 몸을 뉘일 동굴까지 찾아낸다.

About two hours later, we all awoke and began to discuss the situation. Good, who had the flask* of brandy, got it out and looked at it longingly.* Sir Henry

---

resemble ~을 닮다 gigantic 거대한 ant heap 개밋둑 acre 에이커(면적 단위) desperate 필사적인, 절망적인 suck 빨다 flask 휴대용 병 longingly 갈망하여

promptly* took it away from him, for drinking alcohol* would only have hastened* his death.

"If we do not find water, we will die," said Sir Henry.

"If we can trust the old map, there should be some around here," I said. Nobody seemed to derive much satisfaction* from* this remark. It was so clear that no faith* could be put in the map. Now it was gradually* growing light, and as we sat staring blankly at each other, I saw the Hottentot Ventvögel rise and begin to walk about with his eyes on the ground. He suddenly stopped, and uttering an exclamation,* pointed to the earth.

"What is it?" we asked. Rising simultaneously,* we went to where he was standing staring at the sand.

"Well, it is fresh springbok* spoor,*" I

said. "So what?"

"Springboks are never far from water," Ventvögel answered in Dutch.

"No, they aren't," I answered. "I forgot. Thank God!"

The little discovery put new life into us. Ventvögel lifted his snub nose* and sniffed* the hot air.

"I smell water," he said.

Just at that moment, the sun came up gloriously,* and revealed* a grand sight to our astonished* eyes.

There, about forty or fifty miles from us soared* Sheba's Breasts, the mountains marked on the map. And, stretching away* for hundreds of miles on either side of them, were the great Suliman's

---

promptly 즉시, 지체 없이 **alcohol** 술 **hasten** 재촉하다, 독촉하다 **satisfaction** 만족 **derive A from B** B에서 A를 끌어내다 **faith** 신뢰, 믿음 **gradually** 차차, 점차로 **utter an exclamation** 감탄의 말을 뱉다 **simultaneously** 동시에 **springbok** 스프링복(영양의 한 종류) **spoor** 자취 **snub nose** 들창코 **sniff** 코를 벌름거리다, 킁킁거리며 냄새 맡다 **gloriously** 훌륭히, 멋지게 **reveal** 드러내다 **astonished** 깜짝 놀란 **soar** 높이 치솟다 **stretch away** 넓게 펼쳐지다

Mountains. We later discovered that Sheba's Breasts, which seemed to be at least fifteen thousand feet high, were wrapped in a gauze-like* mist.* This was why we had not seen them clearly before.

Sheba's Breasts were just vanishing* into the mist when we felt thirsty again.

We walked around the hill and gazed about anxiously on the other side, but not a drop of water could be found.

"You are a fool," I said angrily to Ventvögel. "There is no water."

"But I smell it, master," he answered.

"Perhaps it is on the top of the hill," Sir Henry said.

"Whoever heard of water being found at the top of a hill!" said Good.

"Let us go and look, just in case,*" I said.

We scrambled up* the sandy* sides of the hill, Umbopa leading. Soon he stopped as though he was petrified.*

"Here is water!" he cried loudly in Zulu.

We rushed up to him, and there, on the very top of the hill, was a pool of water. We did not hesitate at its black and unpleasant appearance.* It was water, or something close to it, and that was enough for us. How we drank! Once we finished drinking, we tore off our clothes and sat down in the pool, absorbing* the moisture* through our parched* skins.

After a while we rose, feeling refreshed, and devoured* our dried meat. We had not eaten for nearly twenty-four hours. Then we smoked a pipe, lay down by the side of that blessed* pool, and slept till noon.

We spent the whole day by the blessed

---

gauze-like 거즈 같은 mist 엷은 안개 vanish 사라지다, 없어지다 just in case 만약을 위해서 scramble up 기어오르다 sandy 모래의 petrify 넋을 잃게 하다, 깜짝 놀라 꼼짝 못하게 하다 appearance 겉모습 absorb 흡수하다, 빨아들이다 moisture 수분, 물기 parched 바짝 마른, 몹시 건조한 devour 게걸스레 먹다, 탐식하다 blessed 평화로운, 축복받은

pool. Then, having filled both ourselves and our water bottles as full as possible, we started off again with the moon in far better spirits.* We covered nearly twenty-five miles that night. The next day, we were luc_ky enough to get a little shade behind some ant heaps. By daylight the following morning, we found ourselves on the lowest slopes of Sheba's left Breast. By this time our water supply was exhausted* once more. We were suffering severely* from thirst. We saw no chance of relieving* our thirst till we reached the snow line far, far above us. After resting an hour or two, we went on, toiling* painfully in the burning heat up the slopes.

By eleven o'clock, we were utterly* exhausted. Then, to our surprise, we reached a little ridge* that was covered with a dense* green grass. As we fell to the ground, I saw Umbopa get up and hobble* toward the patch of green. To my great astonishment, he began dancing and shouting like a maniac,* and waving something green.

"What is it, Umbopa?" I shouted in Zulu as we all scrambled toward him.

"It is food and water, master!"

Then I saw what he was waving. It was a melon! We had come across a patch of ripe,* wild melons—thousands of them!

"Melons!" I yelled* to Good, who was next to me; and in another minute his false teeth were fixed in one of them.

Just as I was taking a bite of my sixth melon, I looked across the desert and saw a flock of about ten large birds flying straight toward us.

"Shoot, master, shoot!" whispered the

---

in good spirits 좋은 기분으로 exhaust 다 써 버리다, 고갈시키다 severely 심하게, 혹독하게 relieve 경감하다, 덜다 toil 힘써 일하다, 수고하다 utterly 완전히, 순전히 ridge 산등성이, 산마루 dense 밀집한, 빽빽한 hobble 다리를 절다, 절뚝거리며 걷다 maniac 미치광이 ripe 익은 yell 외치다

Hottentot.

Then I saw that the birds were a flock of bustards.* I fired two shots and brought one down. It weighed about twenty pounds. We made a fire using dry melon stalks,* and toasted the bustard over it. Soon nothing was left of the great bird but his leg bones and his beak. We gathered as many melons as we could carry, and started off again when the moon came up.

We spent the next few days traveling no more than* five miles a day up the mountain. We soon ran out of melons and dried meat, and by the 23rd of May we were eating nothing but snow. All that day, we struggled slowly up the incline* of snow, lying down from time to time to rest. Just before sunset, we found ourselves right under the peak of Sheba's left Breast, which towered* thousands of feet into the air. It was a vast, smooth hill of frozen* snow.

"We should be near that cave on the map," said Good.

"If there is a cave," I said.

"Don't talk like that, Quatermaine," said Sir Henry. "I have faith in the map. Remember the water! We will find the cave soon."

"If we don't find it before dark, we are dead men," I replied.

For the next ten minutes, we walked on in silence. Then, suddenly, Umbopa caught me by the arm.

"Look!" he said, pointing toward what appeared to be a hole in the snow. "It is the cave."

We made our way to* the spot, and found that the hole was the mouth of a

---

bustard 능에(새의 일종) stalk 식물의 줄기 no more than 단지 ~에 지나지 않는 incline 경사면 tower 높이 솟다 frozen 언, 결빙한 make one's way to ~로 나아가다, 가다

cavern,* no doubt the one marked out in José Silvestre's map. We crept into the cave, which did not appear to be very big, and huddling ourselves* together for warmth, swallowed* what remained of our brandy. The night was terribly cold, and in the morning we woke to find Ventvögel stone dead.* He was now frozen, almost stiff.* Shocked beyond measure,* we dragged ourselves from the body. Then suddenly I heard an exclamation* of fear from someone, and turned my head.

Sitting at the end of the cavern, which was no more than twenty feet long, was another dead man. What was more,* it was a white man.

The sight proved too much for our shattered* nerves.* We all scrambled out of the cave as fast as our half-frozen limbs* would carry us.

Solomon's Road

드디어 호세 실베스트레의 지도에 나와 있는
솔로몬 왕의 대로를 발견한 쿼터메인 일행은 기뻐하지만
그때 갑자기 날카로운 창이 헨리 경을 향해 날아오고
정찰 중인 쿠쿠아나족 병사들에게 생명의 위협을 받는다.

"Thank God that wasn't my brother," said Sir Henry outside the cavern.

We went back in and observed the dead man. Seeing what appeared to be a

---

cavern 동굴, 땅굴   huddle oneself 몸을 웅크리다   swallow 삼키다
stone dead 완전히 죽은, 싸늘하게 죽어 있는   stiff 경직한, 딱딱한   beyond
measure 굉장히, 몹시   exclamation 외침, 절규   what is more 게다가,
더욱이   shattered 엄청난 충격을 받은   nerve 신경   limb 사지, 팔다리

small self-inflicted* wound and stains* of blood on his forefinger,* we concluded* that it must be the body of José Silvestre's ancestor* who had drawn the map. The cold had kept his body intact* for hundreds of years!

"Let us go," said Sir Henry. "We will give him a companion."

He lifted up the dead body of the Hottentot Ventvögel and placed it near that of José Silvestre's ancestor. Then we crept back out of the cave into the welcome sunshine and resumed* our path. We wondered in our hearts how many hours it would be before we were to meet the same fate as* the two we left in the cavern.

Later that day, we were lucky enough to come across some antelopes, one of which we successfully killed. We spent the next hour devouring the antelope. In fact, we had been so busy satisfying our hunger that we had not found time to look about us. But now, having set Umbopa to cut off as much of the best meat as we could carry, we began to inspect* our surroundings.* I do not know how to describe* the glorious* panorama* which unfolded itself* to our gaze. I have never seen anything like it before, and nor shall I ever again.

Behind and over us towered Sheba's snowy Breasts, and below, about five thousand feet beneath where we stood, were miles and miles of the most lovely plain country. There were dense patches of lofty* forests and a great river.

---

self-inflicted 스스로 초래한, 자초한 stain 얼룩 forefinger 집게손가락
conclude 결론내리다 ancestor 조상, 선조 intact 손대지 않은, 손상되지 않은 resume 다시 시작하다, 재개하다 meet the same fate as ~와 똑같은 운명을 맞다 inspect 면밀하게 살피다, 점검하다 surroundings 주변 환경 describe 묘사하다, 기술하다 glorious 눈부시게 아름다운, 장엄한 panorama 전경 unfold oneself 전개되다 lofty 우뚝 솟은

Two strange things struck* us as we gazed. First, the country before was at least three thousand feet higher than the desert we had crossed. Secondly, all the rivers flowed from south to north. As we had painfully learned, there was no water on the southern side of the vast range on which we stood. But on the northern face were many streams, most of which joined the great river we could see winding away* farther than our eyes could follow.

"Isn't there something on the map about Solomon's Great Road?" Sir Henry asked.

I nodded, for I was still gazing blankly over the astonishing view.

"Well, there it is!" Sir Henry said as he pointed a little to our right.

Good and I looked and saw a long, wide road. Somehow it did not seem particularly unnatural that we should find a sort of Roman road there.

"Well, it should be quite near us if we cut off to the right," said Good. "Shall we go?"

We washed our faces and hands in the stream and went to the road. It was a splendid road cut out of solid* rock, at least fifty feet wide, and evidently well kept. The strange thing was that it seemed to begin there. We walked down and stood on it, but after about a hundred paces back toward Sheba's Breasts, it disappeared and gave way to rocks interspersed with* patches of snow.

"This is strange," said Sir Henry.

"I know!" said Good. "The road probably used to run right over the range* and across the desert on the other side, but the sand there has covered it up. Above us it's obviously been destroyed by some

---

strike 인상을 주다, 느끼게 하다   wind away 굽이지다, 굽이쳐 가다   solid 단단한   (be) interspersed with ~가 드문드문 있다   range 산맥

volcanic eruption.*"

We continued down the mountain. Every mile we walked the atmosphere* grew brighter and balmier,* and the country before us shone with a luminous* beauty. As for the road itself, I had never seen such an engineering* masterpiece.*

By midday,* we found the road winding through a vast grove* of silver trees similar to those which are to be seen on the slopes of Table Mountain at Cape Town. I had never before seen them anywhere except in the city, and their appearance here astonished me greatly.

"Ah, we have plenty of wood here," said Good, surveying* these trees. "Let's stop and cook some dinner."

This was a welcome suggestion. We left the road and made our way to a stream which was babbling* away not far off, and soon had a good fire of dry boughs* blazing.* We cut off some substantial* hunks* from the flesh* of the antelopes which we had brought with us. We then toasted them on the ends of sharp sticks, and ate them with a good appetite.*

As we sat and smoked, feeling content,* I suddenly noticed a flash of light that passed just by Good's head. Good jumped up with a loud exclamation and so did I, without the exclamation. About ten feet behind Good, a group of men were standing. They were tall and copper*-colored, and some of them wore great plumes* of black feathers and short cloaks* of leopard* skins. A young man of about seventeen stood in front of

---

volcanic eruption 화산 분화, 화산 분출 atmosphere 대기, 공기 balmy 아늑한, 훈훈한 luminous 빛을 발하는, 어둠 속에서 빛나는 engineering 공학적인, 기술적인 masterpiece 걸작 midday 정오, 한낮 grove 작은 숲, 수풀 survey 살펴보다 babble 졸졸 소리 내다 bough 큰 가지 blaze 활활 타다 substantial 상당한 양의, 많은 hunk 큰 덩어리 flesh 살, 고기 with a good appetite 맛있게 content 만족하는, 자족하는 copper 구리, 동 plume 깃털, 깃털 장식 cloak 망토 leopard 표범

them. Evidently the flash of light had been caused by a weapon* which he had thrown.

An old soldier-like man stepped forward out of the group, caught the youth by the arm said something to him. Then they walked toward us.

"Greetings," I said in Zulu. To my surprise, the old man understood me.

"Greetings," he replied, not in the same tongue,* but in a dialect* so closely allied* to it that both Umbopa and myself understood him easily.

"Where do you come from?" he went on. "Who are you?"

I noticed that the face of Umbopa was like the faces of these men, and so was his great stature like theirs. But I had no time to reflect* on this at the time.

"We are strangers," I answered. "We come in peace."

"You are lying," he answered. "No stranger can cross the mountains where all things die. Your lies do not matter, however. If you are strangers, you must die. No strangers are allowed in the land of the Kukuanas. That is the King's law. Prepare to die!"

The men slowly reached for their knives.

"What did he say?" asked Good.

"He says they are going to kill us," I answered grimly.*

"Oh, Lord!" exclaimed* Good. As he did so, his false teeth popped* out of his mouth. He caught them and put them right back in his mouth in one smooth move. This proved to be most fortunate, for next the dignified crowd* of Kukuanas

---

weapon 무기 **tongue** 언어 **dialect** 방언, 사투리 **allied** 동족의, 관련된 **reflect** 곰곰이 생각하다, 숙고하다 **grimly** 암울하게, 침울하게 **exclaim** 외치다 **pop** 톡 튀어나오다 **crowd** 패거리

uttered a simultaneous* yell of horror and stepped back.

"It's your teeth," whispered Sir Henry. "Take them out again, Good, take them out!"

He obeyed,* slipping* the false teeth out of his mouth and into the sleeve of his flannel shirt.

Soon curiosity* overcame* fear, and the men advanced toward* us slowly.

"How is it, strangers, that this fat man has teeth which can become detached from* the body?" asked the old man, pointing to Good.

"Open your mouth," I said to Good. He quickly grinned at* the old man like an angry dog, revealing two thin red lines of gum.* The men gasped.

"Where are his teeth?" they shouted.

With one swift* move, Good put his false teeth back in. Then he grinned again, showing two rows of lovely teeth.

The men dropped to their knees.

"I see that you are spirits,* " the old man said falteringly.* "Forgive* us, my lords."

Here was luck indeed, and I jumped at the chance.

"You are forgiven," I said with an imperial* smile. "Now I'll tell you the truth. We are men, just like you, but we come from the biggest star that shines at night."

"Oh! Oh!" exclaimed the Kukuanas.

"Now, you might think that we might want to avenge* such a reception,* perhaps by killing the man who threw a knife at the head of the one whose teeth come and go," I continued.

---

simultaneous 동시에 일어나는, 동시의 **obey** 복종하다, 순종하다 **slip** 살짝 꺼내다 **curiosity** 호기심 **overcome** 이기다, 넘어서다 **advance toward** ~을 향해 다가오다 **detach A from B** B에서 A를 떼다, 분리하다 **grin at** ~을 보고 히죽 웃다 **gum** 잇몸 **swift** 빠른, 신속한 **spirit** 정령, 신령 **falteringly** 더듬거리며 **forgive** 용서하다 **imperial** 당당한, 위엄 있는 **avenge** 복수를 하다, 앙갚음하다 **reception** 환영, 응대

"Spare* him, my lords," begged* the old man. "He is the King's son, and I am his uncle. If anything were to happen to him, I will be killed."

"And maybe you doubt our power to avenge," I went on, ignoring* the old man. "I will now show you."

I addressed* Umbopa in a savage* tone.

"Here, slave, give me the magic tube* that speaks." I winked* toward my express rifle.

Umbopa handed me the gun.

"Here, Lord of Lords," he said, trying hard to conceal* a smile.

"You see that buck,*" I said, pointing at an antelope that was standing about seventy yards away. "Now, I will kill it from here with a noise."

I drew a deep breath, and slowly pulled the trigger.*

"Bang!" The antelope sprang into the air

and fell down dead.

A groan* of terror* burst from the group before us.

"We must take these wizards* to the King," said the old man to his nephew. "Oh, children of the Stars, I am Infadoos, son of Kafa, once King of the Kukuana people. This young man is Scragga. Scragga is the son of Twala, the great King—Twala, husband of a thousand wives, chief* and lord paramount* of the Kukuanas, keeper of the great Road, terror of his enemies, student of the Black Arts, leader of a hundred thousand warriors,* Twala the One-eyed, the Black, the Terrible."

"Take me to Twala," I said. "We do not

---

spare 용서하다, 목숨을 살려 주다　beg 간청하다　ignore 무시하다, 묵살하다　address 부르다　savage 사나운, 무지막지한　tube 관　wink 눈짓하다, 윙크하다　conceal 숨기다, 감추다　buck 수컷 영양, 수사슴　pull the trigger 방아쇠를 당기다　groan 신음 소리　terror 공포, 두려움　wizard 마법사　chief 추장, 족장　paramount 최고 권위자, 수령　warrior 전사, 무인

talk with underlings.*"

"It is well, my lords, we will take you to him. But it will be a long journey. It will take us more than three days to reach the place of the King."

We Enter Kukuanaland

기지를 발휘하여 죽음의 위기에서 벗어난 쿼터메인 일행은
솔로몬 왕의 대로를 따라 쿠쿠아나족의 땅으로 들어선다.
길을 가는 동안 일행은 왕의 형제인 인파두스로부터
쿠쿠아나족의 권력 다툼에 대한 경위를 듣는다.

All that afternoon, we traveled along the magnificent roadway which headed steadily* in a northwesterly* direction. Infadoos and Scragga walked with us, and their followers marched about one

---

underling 부하, 아랫사람 steadily 끊임없이 northwesterly 서북으로의; 서북으로

hundred paces ahead.

"Infadoos," I said, "who made this road?"

"No one knows who made it, my lord, not even the wise woman Gagool, who has lived for generations."

"So, tell me about your King," I said.

"My lord, the King, my half-brother, had a brother born of the same mother. It is not our custom,* my lord, to allow twins to live; the weaker must always die. But the mother of the King hid away the weaker child, which was born the last, and that child is Twala the King. I am his younger brother, born of another woman. Kafa, our father, died when we became men, and my brother Imotu was made King in his place. He reigned* for some time and had a son, Ignosi, by his favorite wife. When the babe was three years old, a famine* came upon the land,

and the people began to look for someone to blame.* Then Gagool, the wise and terrible woman who does not die, made a proclamation* to the people, saying, 'The King Imotu is not King.' And at the time Imotu was sick, and lay in his village not able to move.

Then Gagool brought Twala, whom she had hidden among the caves and rocks since he was born, before the people, and declared* that he was the true King. 'This great famine will only end if we acknowledge* our true King!' she declared.

Now the people were mad with hunger, and altogether bereft of* reason and the knowledge of truth, cried out, 'The King! The King!' I knew, however, that Imotu was the elder of the twins, and our lawful*

---

custom 관습, 관례 **reign** 군림하다, 지배하다 **famine** 기근, 굶주림 **blame** 나무라다, 비난하다 **make a proclamation** 포고를 내리다, 성명서를 발표하다 **declare** 선언하다, 공표하다 **acknowledge** 인정하다 **bereft of** ~을 빼앗긴, 상실한 **lawful** 합법적인

King. But before I could warn Imotu, Twala stabbed* him through the heart with his knife. The people were more than ready to welcome him as their new King."

"And what happened to Imotu's wife and her son Ignosi?" I asked.

"The Queen managed to run away with the child. She went toward the mountains, and there she must have died. No one has seen her since, nor the child Ignosi."

Twala the King

쿼터메인 일행을 맞은 쿠쿠아나족의 왕 트왈라는
측근인 마녀 가굴의 말에 따라 이들을 죽이려고 한다.
일행은 소총의 화력으로 가까스로 위기에서 벗어난다.

It will not be necessary for me to detail* at length* the incidents* of our journey to Loo, the principal* place of Twala. It took two full days' traveling along Solomon's

---

stab 찌르다, 찔러 죽이다 detail 상술하다, 열거하다 at length 상세히, 장황하게 incident 일어난 일, 사건 principal 주요한, 주된

Great Road, which pursued* its course right into the heart of Kukuanaland. As we moved closer to the heart of the city, the villages, surrounded by large farmlands, became more and more numerous.*

The villages were all guarded by many soldiers. In Kukuanaland, every able-bodied* man was a soldier. This meant that the whole force* of the nation was available* for its wars, offensive* or defensive.* As we traveled, we were overtaken by* thousands of warriors hurrying to Loo to be present at the great annual review* and festival.

At sunset on the second day, we stopped to rest at the top of a hill over which the road ran. There, on a beautiful and fertile* plain before us, lay Loo itself. It was enormous for a native town, about five miles round and with a curious horseshoe-shaped hill, about two miles to the north.

A river ran through the center of the village, dividing it into two portions.* The river was bridged in several places. Sixty or seventy miles away, there were three great snow-capped* mountains.

"The road ends there," said Infadoos, pointing to the mountains known among the Kukuanas as the "Three Witches.*"

"Why does it end?" I asked.

"I do not know," he answered with a shrug.* "The mountains are full of caves, and there is a great pit* between them."

I turned to Sir Henry and Good.

"That must be where Solomon's diamond mines are," I whispered.

In another hour, we were at the outskirts of the town.* Soon we came to a

---

pursue 추구하다 numerous 수많은 able-bodied 신체 건강한 force 군사력, 병력 available 이용할 수 있는 offensive 공격적인, 공세의 defensive 방어적인, 수비의 be overtaken by ~을 만나다, 조우하다 review 열병, 사열 fertile 기름진, 비옥한 portion 일부 snow-capped 꼭대기가 눈에 덮인 witch 마녀 shrug 어깨를 으쓱하기; 어깨를 으쓱하다 pit 구멍, 구덩이 at the outskirts of the town 교외에, 도시 외곽에

moat* with a drawbridge,* where we were met by a guard. Infadoos gave a password that I could not quite catch, and we passed on through the central street of the great grass city. We were taken to a little group of huts, and informed* that these were to be our quarters.*

We had a hearty meal that was brought to us by female servants, and soon fell asleep. We were woken the next day by a servant who informed us that the King was ready to see us. Although we were anxious to see him, we decided to make the King wait on purpose.* After more than an hour, we declared that we were ready, and guided by Infadoos, started off to the audience.* Umbopa followed us, carrying a Winchester rifle and beads* that were to be given to the King as gifts.

After walking a few hundred yards, we came to the biggest hut in the town, in which the King resided.* The massive* enclosure* surrounding the hut was filled by eight thousand warriors. These men stood still as statues* as we advanced through them.

Several stools* had been placed in the large empty* space in front of the hut. We seated ourselves on three of these, and Umbopa stood behind us. Infadoos took up a position by the door of the hut. A few minutes later, the door of the hut opened, and a gigantic figure,* with a splendid tiger-skin kaross* flung over its shoulders, stepped out. He was followed by Scragga, and what appeared to us to be a withered-up* monkey, wrapped* in a fur* coat. The

---

moat 해자, 도랑못   drawbridge 가동교, 도개교   inform 알리다, 통지하다   quarters 숙소, 처소   on purpose 일부러   audience 알현, 접견   bead 구슬   reside 거주하다   massive 거대한, 엄청나게 큰   enclosure 울, 울로 둘러싼 땅   statue 상, 조각상   stool 등받이 없는 의자   empty 빈   figure 형태; 인물   kaross (남아프리카 원주민의) 소매 없는 털가죽 외투   withered-up 말라빠진, 시든   wrap 감싸다, 입다   fur 모피

figure seated itself upon a stool, Scragga stood behind him, and the withered-up monkey crept into the shade of the hut and squatted down.

Then the gigantic figure slipped off the kaross and stood up before us. It was a truly alarming spectacle.* The enormous man had the most awful face I had ever seen. He had gigantic lips, a flat nose, and only one gleaming* black eye. His whole expression* was cruel and cold. From the large head rose a magnificent plume of white ostrich feathers, and his body was clothed in a shirt of shining chain armor.* In his right hand, he held a huge spear, a thick chain of gold around his neck, and on his forehead* shone a single and enormous uncut diamond.

"Be humble,* people," said out a thin voice which seemed to come from the monkey in the shade. "It is the King."

"It is the King," boomed out* the eight thousand warriors in answer. "Be humble, people, it is the King."

Then there was silence again.

"Greetings, white people," said Twala at last.

"Greetings, Twala, King of the Kukuanas," I said.

"White people, where are you from, and why are you here?"

"We come from the Stars. We have come to see this land."

"And that man with you, does he also come from the Stars?" he pointed to Umbopa.

"Yes. There are people of your color in the heavens above. Ask me no further questions on it, Twala the King, for the answers will be

---

spectacle 광경 **gleaming** 반짝반짝 빛나는 **expression** 표현 **chain armor** 작은 쇠사슬을 엮어 만든 갑옷 **forehead** 이마 **humble** 겸손한, 겸허한 **boom out** 우렁찬 소리로 알리다

beyond your understanding."

"Remember that the Stars are far off, and you are here," said Twala in a slightly* intimidating* tone. "Here, I could have you killed instantly.*"

I laughed out loud, though I was shaking inside.

"Oh, King, be careful." I said. "You will be destroyed,* if you touch one hair of our heads. Have your men not told you what we are capable of*? Have they not told you how we can kill from great distances*?"

"They have told me, but I do not believe them. Kill a man in front of me now, and I will believe you."

"No," I answered. "We do not kill men except in just punishment.* Tell your servants to drive in an ox through the village gates, and before it has run twenty paces, I will strike it dead."

"Let a young ox be driven in," ordered

the King.

Two men at once departed and drove in an ox.

"Now, Sir Henry, you shoot this time," I said. "I want to show them that I am not the only magician* of the party.*"

Sir Henry took his express rifle, aimed at* the ox, and pulled the trigger. Immediately the ox fell down dead. A sigh of astonishment went up* from the thousands of warriors.

"Now do you believe, King?" I said, turning proudly.

"Yes, white man," the King said in a somewhat scared tone.

"Listen, Twala," I went on. "We have come in peace." I held up the Winchester repeater rifle.* "This is my gift to you.

---

slightly 약간 intimidating 위협적인, 겁을 주는 instantly 즉시 destroy 파괴하다, 죽이다 be capable of ~을 할 수 있다 from a great distance 아주 먼 거리에서 punishment 처벌 magician 마술사, 요술쟁이 party 일행, 일단 aim at ~을 겨누다 go up 높아지다 repeater rifle 연발총

However, I have put a charm on* it. You will not kill any man with it. If you lift it against a man, it will kill you."

I handed him the rifle.

The King took it very carefully, and laid it down at his feet. As he did so, I observed the monkey-like figure creeping out of the shadow of the hut. Once it crawled close to the King, it rose on its feet,* threw the furry* covering* from its face, revealed a most extraordinary* and bizarre* face. Apparently* the monkey-like figure was actually* a woman of great age. The face was so shrunken* that in size it seemed no larger than the face of a one-year-old child, although covered with numerous deep and yellow wrinkles.* Had it not been for the pair of large black eyes, the face might have been mistaken for* that of a sun-dried* corpse.* It was still full of fire and intelligence,* however.

"Listen, King!" said the feeble* creature. "Listen, warriors! Listen, mountains and plains and rivers, home of the Kukuana race*! I prophesy*! I prophesy!

"Blood! Blood! Blood! Rivers of blood! Blood everywhere! I see it, I smell it, and I taste it! It runs red upon the ground, it rains down from the skies.

"Footsteps! Footsteps! Footsteps! The tread* of the white man coming from afar! It shakes the earth. The earth trembles* before her master.

"The white people will eat you up and destroy you!

"And what did they come for, the White Ones, the Terrible Ones, the skilled in

---

put a charm on ~에 (마법의) 주문을 걸다   rise on one's feet 일어서다
furry 부드러운 털의, 모피로 덮인   covering 덮개   extraordinary 비범한,
예사롭지 않은   bizarre 기괴한   apparently 분명히, 명백히   actually
실제로, 사실은   shrink 오그라들다, 줄어들다   wrinkle 주름, 잔주름   mistake
A for B A를 B로 잘못 알다, 착각하다   sun-dried 햇볕에 마른   corpse
시체   intelligence 지능, 총기   feeble 연약한, 허약한   race 민족, 국민
prophesy 예언하다   tread 발소리, 걸음걸이   tremble 떨다, 흔들리다

magic and all learning? You do not know, but I know!"

She turned her bald* head toward us.

"Are you looking for a lost one? You will not find him here. He is not here. You have come for bright stones. I know it. And you with the dark skin!" she said and pointed her skinny finger at Umbopa. "Who are you, and why are you here? You are not here for the stones. I think I know you. I think I can smell the smell of the blood in your heart."

Here the old woman fell to the ground, and was carried into the hut.

The King rose, trembling, and waved his hand. Within minutes, save for* ourselves, the King, and a few attendants,* the great space was left empty.

"White people, my mind tells me I should kill you," he said. "Gagool has spoken strange words. What do you say?"

I laughed.

"Be careful, King. We are not easy to kill. You have seen the fate of the ox. Would you like to meet the same fate?"

"You should not threaten a King," he replied, frowning.*

"We are not threatening you. We are telling you the truth. Try to kill us, King, and you will learn."

The King put his hand to his forehead and thought.

"Go in peace," said Twala. "Tonight is the great dance. You can see it. Don't worry; I will not set traps* for you tonight. I will decide what to do with you tomorrow."

We rose and returned to our hut, accompanied by Infadoos.

---

bald 머리가 벗겨진, 대머리의 **save for** ~을 제외하고 **attendant** 수행원
frown 눈살을 찌푸리다 **set a trap** 덫을 놓다

Chapter 10

The Witch-Hunt

움보파는 숙부인 인파두스와 쿼터메인 등에게
자신이 쿠쿠아나족의 정당한 왕 이그노시라고 밝힌다.
쿠쿠아나족의 마녀사냥 잔치를 보고 경악하던 일행에게
마녀 가굴이 다가와 이그노시를 지목하고 처형을 명한다.

On reaching our hut, I motioned* to Infadoos to come in with us.

"Now, Infadoos, we want to speak with you," I said.

"Go ahead, my lords."

"It seems to us that everyone here greatly fears Twala the King. Is he a cruel man?"

"Yes, my lords. He is the cruelest of all men. You will see tonight. It is the great witch-hunt, and many will be killed. No man's life is safe. If the King covets* a man's cattle, or a man's wife, or if he fears that a man would organize* a rebellion* against him, then Gagool, or some of the other witch-finding women whom she has taught, will smell that man out* as a wizard, and he will be killed. Many will die before the moon grows pale tonight. Maybe I will also be killed. I have been spared thus far because I am skilled in war and beloved by the soldiers. Our land groans at the cruelties of Twala the King."

"Then why do the people not cast him down*?"

---

motion 몸짓하다, 동작하다 **covet** 몹시 탐내다 **organize** 조직하다, 편성하다
rebellion 모반, 반란 **smell out** 탐지하다 **cast down** ~을 쓰러뜨리다, 내치다

"If he were killed, Scragga would take his place. The heart of Scragga is blacker than the heart of Twala. If Imotu had never been slain,* or if his son Ignosi had survived,* it might have been otherwise.* But they are both dead."

"How do you know that Ignosi is dead?" said a voice behind us. It was Umbopa.

"What do you mean, boy?" asked Infadoos.

"Listen, Infadoos," said Umbopa. "I will tell you a story. Years ago the King Imotu was killed in this country and his wife ran away with the boy Ignosi. Is that right?"

"It is."

"It was said that the woman and her son died in the mountains. Is that right?"

"It is."

"Well, the mother and the boy, Ignosi, did not die. They crossed the mountains and were led by a tribe of wandering desert men across the sands beyond. At last they came to water and grass and trees again."

"How do you know that?"

"Just listen. The mother and her son traveled on and on for many months. At last they reached a land where a people called the Amazulu live by war, who are also descendants* of the Kukuana's ancestors. They lived with the Amazulu for many years until at last the mother died. Ignosi then became a wanderer* again, and journeyed* into a land where white people live. For the next few years he learned the wisdom* of the white people."

"That is a pretty story," said Infadoos incredulously.*

"For many long years, he waited for an opportunity* to return to his homeland.

---

slay 살해하다, 죽이다 survive 살아남다 otherwise (~와는) 다르게, 달리 descendent 자손, 후예 wanderer 방랑자 journey 여행하다; 여행 wisdom 지혜, 슬기 incredulously 믿을 수 없다는 듯이, 회의를 품으며 opportunity 기회

Then he met some white men who were looking for this unknown land, and joined them. The white men traveled on and on, looking for a lost friend. They crossed the burning desert, crossed the snow-covered mountains, and at last reached the land of the Kukuanas, and there they found you, Infadoos."

"You must be crazy," said the astonished old soldier.

"Look, I will show you, my uncle. I am Ignosi, rightful King of the Kukuanas!"

Then, with a single movement, Umbopa took off his girdle,* and stood naked* before us.

"Look," he said, pointing to the picture of a great snake tattooed* in blue a few inches below his navel.*

Infadoos looked, his eyes nearly popping out of his head. Then he fell down on his knees.

"It is my brother's son!" he exclaimed. "It is the King!"

"Didn't I tell you so, my uncle?" said Umbopa. "Rise. I am not yet the King. With your help, however, and with the help of these brave white men, who are my friends, I will soon be a King. Yet the old witch Gagool was right; the land shall run with blood first, and hers shall be the first to run. She killed my father with her words, and drove my mother away. And now, Infadoos, you must choose. Will you help me overthrow* Twala, or will you not?"

The old man did not hesitate.

"Ignosi, rightful King of the Kukuanas, I will serve you till death."

"It is well, Infadoos. If I win, you will be the greatest man in the kingdom after its

---

girdle 띠, 허리띠 **naked** 벌거숭이의, 나체의 **tattoo** 문신하다 **navel** 배꼽
overthrow 전복하다, 타도하다

King," he turned to us. "And you, white men, will you help me? If you help me and I succeed, you can take as many of the white stones as you want. They are what you are after, aren't they?"

I translated his remark.

"Tell him that wealth* is good, and if it comes our way we will take it," answered Sir Henry. "However, a gentleman does not sell himself for wealth. And I will say this for myself. I have always liked Umbopa, so I will stand by* him in this. Besides, I already hate that cruel devil* Twala. What do you say, Good, and you, Quatermain?"

"I'm with him," said Good. "I always enjoy a good battle."

I translated these answers.

"Thank you, my friends," said Ignosi, or Umbopa. "And what do you say, master? Are you also with me?"

I scratched* my head.

"Umbopa, or Ignosi, I don't like revolutions,*" I said. "I am a man of peace and a bit of a coward. But I will stand by my friends. You have been a friend to us, so I will be a friend to you. But mind you, I am a poor trader, and have to make my living. So, I accept your offer about those diamonds. One more thing: we came, as you know, to look for Sir Henry's lost brother. You have to help us find him."

"Agreed," answered Ignosi. "Infadoos, tell me the truth. Has any white man set his foot within our land?"

"None, Ignosi."

"If any white man had been seen or heard of in our land, would you have known?"

"Certainly."

---

wealth 재화, 재물 **stand by** ~을 돕다, 편들다 **devil** 악마, 악귀 **scratch** 긁다 **revolution** 혁명

"You heard him, sir," said Ignosi to Sir Henry. "Your brother did not come to Kukuanaland."

"Well," said Sir Henry with a sigh. "I suppose he never got this far. So it has all been for nothing! Well, God's will be done."

"Ignosi, how do you plan on becoming the King?" I asked.

"I do not know yet. Infadoos, do you have a plan?"

"Tonight is the great dance and witch-hunt," answered Infadoos. "Many innocent* lives will be taken, and in the hearts of many others there will be grief* and fury* against the King Twala. When the dance is over, I will speak to some of the great chiefs that you are the true King. And I think that by tomorrow morning you shall have twenty thousand warriors at your command.* I must go now. If we are still alive after the dance, I will meet you here."

At this moment, we were interrupted by the cry that messengers had come from the King. Three men entered, each bearing a shining shirt of chain armor and a magnificent battle-ax.

"The gifts of my lord the King to the white men from the Stars!" said one of the men.

"We thank the King," I answered. "Now leave us."

The men went, and we examined the armor with great interest. It was the most wonderful chain work that any of us had ever seen.

"Do you make these here in Kukuanaland, Infadoos?" I asked. "They are very beautiful."

---

innocent 죄 없는, 결백한   **grief** 슬픔   **fury** 격노, 분노   **at one's command** ~이 장악하고 있는

"No, my lord, they were handed down* to us from our forefathers.* We do not know who made them, and there are only a few left. Only those of royal blood* may wear them. They are magic shirts through which no spear can pass, and those who wear them are safe in the battle. The King is either very pleased or very afraid, or he would not have sent you these garments* of steel. Wear them tonight, my lords."

We spent the rest of the day quietly, resting and talking over the situation. At last the sun went down, and through the darkness we heard the tramp of thousands of feet and the clashing of hundreds of spears. The regiments passed to their appointed* places to be ready for the great dance. Then the full moon shone out in all its splendor.* As we stood watching her rays, Infadoos arrived, wearing in his war dress. He was accompanied by a guard of twenty men to escort* us to the dance. We had already put on the shirts of chain armor which the King had sent us under our ordinary* clothing. Strapping* our revolvers* around our waists, and taking in our hands the battle-axes which the King had sent with the armor, we left.

On arriving at the King's great village, we found that it was closely packed with around twenty thousand men arranged in regiments. These regiments were in turn divided into companies, and between each company* was a little path to allow space for the witch-finders to pass up and down. There the armed men stood perfectly silent. It was clear that every single one of them was afraid of being called a wizard

---

hand down ~을 물려주다, 후세에 전하다 **forefather** 조상, 선조 **royal blood** 왕족 **garment** 의복, 옷 **appointed** 정해진, 지정된 **splendor** 빛남, 광휘 **escort** 호위하다, 에스코트하다 **ordinary** 평상의, 보통의 **strap** 가죽끈으로 잡아매다 **revolver** 연발 권총 **company** 중대

and being executed.*

"Are we also in danger?" I asked Infadoos.

"I do not know, my lords. But don't be afraid. If you live through the night, you will be safe. The soldiers are beginning to get fed up with* the King."

We had been walking steadily toward the center of the open space. As we proceeded,* we noticed another small party coming from the direction of the royal hut. It was Twala, followed by his son, Scragga, and Gagool. A line of executioners,* gigantic and savage-looking men carrying spears, trudged along* behind the evil* woman.

The King seated himself upon the center stool, Gagool crouched* at his feet, while the others stood behind him.

"Greetings, white lords," Twala said as we came up. "Take your seats. You have come at a timely hour.* Look around and see how the men shake in their wickedness, the men who have evil in their hearts and fear the judgment* of 'Heaven above.'"

"Begin! Begin!" screamed Gagool in her thin, piercing* voice.

The King lifted his spear. Instantly, we heard a pattering* of feet, and from the masses of warriors strange and awful figures came running toward us. As they drew near, we saw that they were women, most of them old. There were ten of them. When they arrived in front of us, they stopped.

"Mother, we are here!" they cried in unison,* addressing Gagool.

"Good!" answered the evil woman.

---

execute 사형에 처하다, 처형하다   get fed up with ~에 진저리가 나다   proceed (특정한 방향으로) 나아가다   executioner 사형 집행인   trudge along 터벅터벅 걷다   evil 나쁜, 사악한   crouch 쭈그리다, 쭈그리고 앉다   at a timely hour 시간에 맞추어, 적시에   judgment 판단, 심판   piercing 귀청을 찢는 듯한   patter 또각또각 소리를 내다   in unison 일제히

"Now go! Go and find the evil men who plot against their King and their neighbors!"

Gagool's horrid* ministers* broke away* in every direction.* The one nearest to us began dancing and chanting* frantically.* Then, with a shriek,* she jumped up and touched a tall warrior with her forked* wand.* Immediately two of his comrades* standing on either side of him, seized the doomed* man, each by one arm, and advanced with him toward the King.

He did not resist. He looked like a paralyzed* man. As he came, two of the executioners stepped forward to meet him. Then the executioners turned around, looking toward the King for an order.

"Kill!" said the King.

"Kill!" Gagool said.

"Kill!" said Scragga with a chuckle.*

One of the executioners drove his spear

into* the victim*'s heart, and to be doubly* sure, the other bashed out* his brains with a great club.*

"One," counted Twala the King, and the corpse was dragged a few paces away and stretched out.

Just a few seconds later, another poor wretch* was brought up, like an ox to the slaughter.* This time we could see, from the leopard-skin cloak which he wore, that the man was a person of rank. The same command was given and the victim fell dead.

"Two," counted the King.

And so the deadly* game went on, till about a hundred bodies were stretched

---

horrid 진저리 나는, 지독한 minister 사제 break away 이탈하다, 탈퇴하다 in every direction 사방으로 chant 찬송하다 frantically 미친 듯이, 극도로 흥분하여 shriek 새된 소리, 비명 forked 가랑이진, 갈라진 wand 지팡이, 막대 comrade 동료, 동지 doomed 운이 다한, 불운한 paralyzed 얼어붙은, 사지가 마비된 chuckle 킬킬거리는 웃음 drive A into B A를 B에 밀어 넣다 victim 희생자, 피해자 doubly 이중으로 bash out 후려치다, 세게 때리다 club 곤봉 wretch 가련한 사람 slaughter 도살자 deadly 치명적인, 죽음과 같은

behind us. Once we rose and tried to protest,* but were sternly* repressed* by Twala.

"Let the law take its course,* white men," he said. "They are magicians and evildoers,* so it is only right that they should die."

At about half-past ten, there was a pause. The witch-finders gathered themselves together, seemingly* exhausted with their bloody work. We thought that the performance* was over. We were wrong. To our surprise, Gagool rose from her crouching position, and supporting* herself with a stick,* staggered toward us. She began dancing and chanting, all the while moving closer and closer to us. She came nearer and nearer, and at last she stood still and pointed something.

"Which is it to be?" asked Sir Henry, looking between us.

In a moment, we all saw who she had doomed. She rushed in and touched Umbopa, now known to us as Ignosi, on the shoulder.

"Kill him, because he is full of evil!" she shrieked.

There was a pause. I immediately took advantage of* it.

"Oh, King," I said, rising from my seat. "This man is the servant of your guests. Anyone who sheds* the blood of our servant sheds our blood. You should ensure* his safety as you do ours."

"Gagool, the mother of the witch-finders, has smelled him out," said Twala. "He must die, white men."

"No, you can't kill him," I replied. "I will

kill anyone who tries to kill him."

"Kill him!" roared Twala to the executioners.

They stepped toward us, and then hesitated. Ignosi clutched* his spear and raised it as though he were ready to fight till his death.

"Stand back, you dogs!" I shouted. "Touch one hair on my slave's head and your King dies." With that, I aimed my revolver at Twala. Sir Henry and Good also drew their pistols.* Sir Henry aimed his at the leading executioner, who was advancing to kill Ignosi, and Good aimed at Gagool.

Twala winced* as my barrel* came in a line with his head.

"Well, what is it to be, Twala?" I said.

"Put away your magic tubes," he said. "I will spare him because it is the right thing to do, but not from fear of what you can do. Now, go in peace."

We left him behind and went back to our huts.

"Thank you for saving my life," said Umbopa. "I will not forget it. Now we must wait here for Infadoos."

We lit our pipes and waited.

---

clutch 꽉 잡다, 부여잡다 **pistol** 권총 **wince** 움찔하다 **barrel** 총신, 포신

Chapter 11

We Provide a Proof

개기월식에 관한 지식을 활용하여
일행은 인파두스가 데려온 추장들을 규합하고
이그노시, 즉 움보파의 왕위 찬탈을 돕기로 한다.

We sat there in silence for two long hours. We were too overwhelmed by* the recollection* of the horrors we had seen to talk. Then Infadoos entered the hut, followed by some half-dozen stately*-looking chiefs.

"My lords and Ignosi, rightful King of

the Kukuanas," he said, "I have brought with me these men." He pointed to the row of chiefs. "They are great men, having each one of them having the command of three thousand soldiers. I have told them everything I know. They are all willing to fight for Ignosi. However, there is one condition."

"What is it?" I asked.

One of the six chiefs, who looked to be the oldest of them, stepped forward.

"You are white men from the Stars," he said. "Your magic is great. Ignosi is under the cover of* your wing. If he is indeed the rightful King, please give us a proof, and let the people see the proof. That will help men take our side, knowing that the white man's magic is with them."

---

be overwhelmed by ~에 의해 압도당하다　**recollection** 회상, 회고
stately 위풍당당한, 위엄 있는　**under the cover of** ~의 엄호를 받아서

I turned to Sir Henry and Good, perplexed,* and explained the situation.

"I think I have an idea," said Good. "Tell them to give us a moment to think."

The chiefs withdrew* from the hut. As soon as they were gone, Good went to the little box where he kept his medicines, unlocked* it, and took out his almanac.*

"Now look here. Isn't tomorrow the 4th of June?" he said.

We had kept a careful note of the days, so we were able to tell him straight away that it was.

"Very good. Look what it says here—'4 June, total eclipse* of the moon begins at 8:15 Greenwich time, visible* in Tenerife, South Africa.' That'll be our proof. If I have calculated* correctly, I believe we will be able to see the eclipse here at around ten o'clock in the evening. Tell them we will darken the moon tomorrow night."

We called the men back in.

"Great men of the Kukuanas, and you, Infadoos, listen," I said. "Tomorrow, we will give a sign that all men may see. Tomorrow night, about two hours before midnight, we will cause the moon to disappear for an hour. Total darkness will cover the earth, and that shall be a proof that Ignosi is indeed King of the Kukuanas. If we do this thing, will you be satisfied?"

"Yes, my lords," answered the chiefs.

"Good," said I. "Now leave us so we can sleep and prepare our magic."

The chiefs and Infadoos saluted us and left the hut, and we soon fell asleep.

We spent most of the next day resting in our hut. An hour after dinner the sun

---

perplexed 난처한, 어찌할 바를 모르는　　**withdraw** 뒤로 물리다　　**unlock** 자물쇠를 열다　　**almanac** 책력　　**eclipse** 일식, 월식　　**visible** 눈에 보이는　　**calculate** 계산하다

set, and at about half-past eight, at last, a messenger came from Twala to invite us to the great annual "dance of girls."

We put on our chain shirts and took our rifles and ammunition* with us, in case we had to flee.* The great space in front of the King's village looked very different from the previous* evening. In place of the of warriors were hundreds of Kukuana girls. They were not overdressed,* but each was crowned with* a wreath* of flowers and held a palm* leaf in one hand and a white lily in the other. In the center of the open moonlit* space sat Twala the King with Gagool at his feet. Infadoos, Scragga, and twelve guards were behind him. Among the chiefs, I also recognized* our friends from the night before.

"Welcome, white men from the Stars," said Twala. "Tonight, the fairest girl here will be slain by my son as a sacrifice* to the

Silent Ones, who sit and keep watch by the mountains. Now, let the dance begin."

The flower-crowned girls sprang forward in groups, singing a sweet song and waving the delicate* palms and white lilies. After a few minutes they paused, and a beautiful young woman sprang out of the ranks and began to dance in front of us. She moved with a grace and vigor* which would have put most ballet girls to shame.* At last, she retired* exhausted, and another took her place, then another and another, but none of them, either in grace, skill, or physical* beauty, could match the first girl.

The King lifted his hand, and the dance stopped.

---

ammunition 탄약, 무기 **flee** 달아나다, 도망치다 **previous** 앞의, 이전의 **overdressed** 지나치게 옷치레한 **be crowned with** ~을 쓰다 **wreath** 화관, 화환 **palm** 종려나무, 야자나무 **moonlit** 달빛에 비친, 달빛을 받은 **recognize** 인지하다, 알아보다 **sacrifice** 산 제물 **delicate** 여린, 부서지기 쉬운 **vigor** 힘, 활기 **put ~ to shame** ~을 부끄럽게 하다 **retire** 물러가다 **physical** 육체의, 신체의

"The first one is the fairest!" said the King. "She must die!"

"Yes, she must die!" said Gagool, casting a quick glance in the direction of the poor girl.

"Bring her here," the King said to two of his guards. "Scragga, prepare your spear."

As the two men advanced, the girl, for the first time realizing her impending* fate, screamed aloud and turned to run. But the strong hands caught her fast, and dragged her, struggling and weeping, before us.

"What is your name, girl?" asked Gagool.

"My name is Foulata, of the house of Suko," answered the girl, trembling from head to toe. "Oh, why must I die? I have done nothing wrong!"

Foulata turned her face to Heaven, looking so lovely in her despair, for she was indeed a beautiful woman. But her sad and lovely face did not move Gagool or Gagool's master, though I saw signs of pity among the guards behind and on the faces of the chiefs. As for Good, he gave a fierce* snort* of indignation,* and made a motion* as though he were about to go to her assistance.* With all a woman's quickness, the doomed girl interpreted* what was passing in his mind. She quickly flung herself before him and clasped* his legs with her hands.

"Oh, white father from the Stars!" she cried. "Please save me from these cruel men and Gagool!"

"All right, I'll look after you," said Good. "Come, get up, there's a good girl." He caught her hand and helped her up.

---

impending 임박한, 곧 닥칠 fierce 맹렬한, 격렬한 give a snort 콧방귀를 뀌다 indignation 분개, 분노 make a motion 몸짓하다 assistance 지원, 조력 interpret 이해하다, 판단하다 clasp 꼭 쥐다

Twala turned and motioned to his son, who came forward with his spear lifted.

"Now's your time," whispered Sir Henry to me. "What are you waiting for?"

"I am waiting for the eclipse!" I answered.

"You'll just have to risk it, or the girl will be killed! Twala is becoming impatient.*"

Realizing that there was no time to lose, I stepped with all the dignity that I could command* between the girl and the advancing spear of Scragga.

"King, we will not allow this," I said. "Let the girl go."

"You white dog!" cried Twala. "Who do you think you are? You think you can go against my will? Step back! Scragga, kill her! Guards! Seize these men!"

Armed men ran swiftly from behind the hut. Sir Henry, Good, and Umbopa stood beside me and lifted their rifles.

"Stop!" I shouted boldly. "Take one more step, and we will put out the moon as though it were a lamp, and plunge* your land in darkness. Dare to disobey* me, and you will taste our magic."

My threat* produced* an effect; the guards stopped, and Scragga stood still before us.

"He's a liar!' cried Gagool, pointing her feeble fingers at me. "Let him blow out the moon, and the girl shall be spared. Yes, let him do it, but if he fails, kill them all."

I glanced up at the moon despairingly,* and to my intense* joy and relief* saw that the almanac was correct. On the edge of* the full moon was a faint* rim* of shadow!

At once, I lifted my hand solemnly*

---

impatient 조급한, 참을성 없는　command ~을 통제할 수 있는 위치에 있다　plunge 빠지게 하다, 몰아넣다　disobey 따르지 않다, 불복종하다　threat 위협, 협박　produce 생산하다, 산출하다　despairingly 절망하여　intense 강렬한, 격렬한　relief 안도, 안심　on the edge of ~의 가장자리에　faint 희미한, 가냘픈　rim 테두리, 테　solemnly 장엄하게, 엄숙하게

toward the sky. Sir Henry and Good followed.

Slowly, the shadow crept on over the bright surface of the moon, and as it crept, I heard deep gasps of fear rising from the crowd. Some stood shocked with dread while others threw themselves upon their knees and cried. As for Twala, he sat still and turned pale. Only Gagool kept her nerve.

"It will pass," she cried. "I have seen this many times before. Don't be afraid, the shadow will pass. No man can put out the moon."

But the ring of darkness continued to creep over the moon. We kept our hands up while the terrified Kukuanas watched the sky in silence. Half an hour passed, and the shadow had crept over more than half of the moon, which was now a blood-red orb.*

"The white wizards have killed the

moon," cried Scragga at last. "We will all perish* in the dark!"

Driven mad with fear, or fury, he lifted his spear and drove it with all his force* at Sir Henry's breast. But he had forgotten that we were all wearing the chain armor his father had given to us beneath our clothing. The steel rebounded* harmless,* and before he could repeat the blow, Sir Henry snatched* the spear from his hand and sent it straight through his heart. The evil prince dropped dead.

The girls broke up in wild confusion and ran for the gateways,* screaming at the top of their lungs.* The panic* did not stop there. The King himself, followed by his guards, some of the chiefs, and Gagool,

---

orb 구체 perish 죽다, 비명횡사하다 with all one's force 힘껏, 온 힘을 다해 rebound 되튀다, 다시 일어서다 harmless 무해한, 해를 끼치지 않은 snatch 와락 붙잡다, 잡아채다 gateway 대문, 출입구 at the top of one's lungs 큰 소리로, 목청껏 panic 돌연한 공포, 공황

fled for the huts. In just over a minute, Sir Henry, Good, Foulata, Infadoos, and most of the chiefs who had interviewed us on the previous night and I were left alone, together with the dead body of Scragga.

"Chiefs, we have given you the sign," I said. "Now let us run away to safety, to where your troops are. Our magic cannot be stopped now. It will continue for another hour or so. Let's run away while it's still dark."

"Come," said Infadoos, turning to go. The other chiefs went after him, followed by us, and the girl Foulata, whom Good took by the arm.

Before we reached the gate of the village, the moon went out completely. Holding each other by the hand, we stumbled on* through the complete darkness.

Chapter 12

Before the Battle

개기일식을 이용하여 쿠쿠아나족을 혼란에 빠뜨린 후
쿼터메인 일행은 살육의 현장을 빠져나온다.
이그노시를 왕으로 모시고자 하는 반란군과 함께
일행은 트왈라 왕의 군대에 대항하기 위한 준비를 한다.

Luckily for us, Infadoos and the chiefs knew all the paths of the great town like the back of their hands.* This enabled us to move swiftly despite* the darkness.

---

stumble on 계속 비틀거리며 걷다 **know ~ like the back of one's hand** ~을 훤히 알고 있다 **despite** ~에도 불구하고

We did not stop for an hour, till at last the eclipse began to pass. Suddenly, as we watched, there burst* from the moon a silver streak* of light, accompanied by a wondrous* ruddy* glow. What a lovely sight it was. In another five minutes, there was sufficient* light to see our whereabouts.* We then realized that we were clear of the town of Loo.

Soon, we approached a large flat-topped hill, which was not very high. On the grassland, at its summit,* was ample* camping ground, which had been used as a military* camp. Its ordinary garrison* was one regiment of three thousand men, but that night, we saw that there were several of such regiments encamped* there.

We went to the hut in the center of the ground. To our astonishment, two men were waiting for us with our things, which we had left behind in our hasty* flight.*

"I sent for them," explained Infadoos.

After discussing our next steps, we went to sleep. Early next morning, Infadoos commanded the soldiers to gather and explained to them the object* of the rebellion. He also introduced to them the rightful heir* to the throne,* Ignosi.

After his speech, Ignosi stepped forward and began to speak. Having repeated all that his uncle had said, he concluded his powerful speech as follows:

"Chiefs, captains, soldiers, and people, you must now make a choice between me and Twala. Your chiefs can tell you that I am the King, for they have seen the snake tattoo on my body. Also, if I were not

---

burst 터지다, 파열하다 **streak** 줄, 줄무늬 **wondrous** 경이로운, 불가사의한 **ruddy** 불그레한, 혈색이 좋은 **sufficient** 충분한, 흡족한 **whereabouts** 행방 **summit** 정상, 꼭대기 **ample** 충분한 **military** 군대의 **garrison** 수비대, 요새 **encamp** 야영하다 **hasty** 급한, 경솔한 **flight** 도주, 탈출 **object** 목적, 목표 **heir** 상속인, 계승자 **throne** 왕좌, 옥좌

the King, why would these white men be on my side with all their magic? Chiefs, captains, soldiers, and people! Did they not bring darkness in the hour of the full moon to confuse Twala and cover our flight?"

"They did!" answered the soldiers.

"I am the King, and if you stand by me in battle, when we win, I will give you oxen and wives. And I promise you this. As long as I am King, there will be no unnecessary* bloodshed* in our land. Now, have you chosen, chiefs, captains, soldiers, and people?"

"We have chosen, King," said the soldiers.

"Good. Now go to your huts and get ready for war."

Half an hour later, we held a war council.* All the commanders* were present. It was clear to us that soon we would be attacked by an overwhelming* force. From our camp on the hill, we could see runners going forth from Loo in every direction, doubtless* to summon soldiers to* the King's assistance. We had about twenty thousand men, composed of* seven of the best regiments in the country.

Twala, Infadoos and the chiefs calculated, had at least thirty-five thousand soldiers assembled* in Loo. They thought that by midday the next day he would be able to gather another five thousand or more to his aid. Of course, there was the possibility* that some of his troops* would desert* him and come over to* us, but we could not rely upon such an expectation. Meanwhile, it was clear that

unnecessary 불필요한, 무용의 bloodshed 유혈 사태 council 회의, 협의 commander 지휘관 overwhelming 압도적인, 저항할 수 없는 doubtless 의심 없는, 확실한 summon A to B A를 B에 호출하다, 부르다 (be) composed of ~로 구성되다 assemble 모이다, 집합하다 possibility 가능성 troop 부대, 대군 desert 버리다, 도망치다 come over to ~에게 오다

Twala was preparing a preemptive strike.* Armed men were already patrolling* around and around the foot of the hill.

However, Infadoos and the chiefs believed that no attack would take place* that day. They thought that the day would be devoted* to preparation* and to the removal* of doubt put into the minds of the soldiers by the magical darkening of the moon. They said that the attack would begin the next day, and they proved to be right.

Just before sundown,* we noticed a small company of men advancing toward us from the direction of Loo. One of them was waving a palm leaf in his hand as a sign that he was a herald.* Ignosi, Infadoos, two chiefs and I went down to the foot of the mountain to meet him.

"Greetings!" he cried, as he approached* us. "I come with a message from the King."

"Speak," I said.

"He will show mercy* if you surrender.*"

"What are his terms?" I asked.

"If you surrender now, only one in every ten of you will be killed. The rest will go free. Also, the white man, who killed Scragga, and his servant who falsely* claims* to be King, and Infadoos, the King's brother, will be tortured* to death."

After consulting* with the others, I answered him in a loud voice so that our soldiers could hear.

"Go back to Twala, you dog," I said. "Tell him that we, Ignosi, the rightful King of the Kukuanas, and the wise ones from the Stars, who make dark the moon, and Infadoos, will not surrender. Tell him that before the sun has gone down twice,

---

preemptive strike 선제공격 **patrol** 순찰하다 **take place** 일어나다 **devote** 바치다, 충당하다 **preparation** 준비 **removal** 제거 **sundown** 일몰 **herald** 전령, 사자 **approach** 다가오다 **mercy** 자비 **surrender** 항복하다 **falsely** 거짓으로 **claim** 주장하다 **torture** 고문하다 **consult** 상의하다

Twala's corpse will stiffen* at Twala's gate. Ignosi, whose father Twala killed, shall reign in his place. Now go."

Without another word, the herald went back, and almost immediately the sun sank.

We had a busy night making preparations for the fight, and messengers were constantly coming and going from the place where we sat in council. At last, about an hour after midnight, everything was ready. The camp sank into silence. Sir Henry and I, accompanied by Ignosi and one of the chiefs, walked through thousands of sleeping warriors.

"How many of these men do you think will be alive at this time tomorrow?" asked Sir Henry.

I said nothing and looked at the sleeping men again. It seemed to me as though Death had already touched them.

Tonight these men slept their healthy sleep, but tomorrow, many of them would be stiffening in the cold. Wives would become widows,* and children would become fatherless.*

"Curtis," I said to Sir Henry. "I am very, very afraid."

Sir Henry stroked* his yellow beard and laughed.

"I have heard you say that before, Quatermain," he said.

"Well, I really mean it now. We may both be dead tonight. We will be attacked in overwhelming force, and it will be a miracle* if we can hold them off.*"

"We'll give them a good fight, that's for sure. Look here, Quatermain, this whole affair* is nasty.* To be honest, we should

---

stiffen 딱딱해지다, 뻣뻣해지다 widow 미망인, 과부 fatherless 아버지가 없는 stroke 쓰다듬다, 어루만지다 miracle 기적 hold off ~을 물리치다 affair 사건, 일 nasty 난처한, 귀찮은

not be mixed up in it. But we decided to help, so we must make the best of our job. Personally, I'd rather be killed fighting than any other way. Also, now that there seems little chance of our finding my poor brother, it makes the idea easier to me. But fortune favors* the brave, so we may succeed. Anyway, the battle will be awful, and as these people believe we are from the Stars, we will need to be right in the middle of it."

He made this last remark in a mournful* voice, but there was a gleam* in his eye which betrayed his excitement. I thought Sir Henry Curtis actually liked fighting.

After this, we went to sleep for a few hours.

Just about dawn, we were awakened by Infadoos. He came to tell us that there was a lot of activity in Loo, and that parties of the King's soldiers were driving in our outposts.*

We rose and dressed ourselves for battle, each putting on his chain armor shirt. Sir Henry dressed himself like a native warrior. "When you are in Kukuanaland, do as the Kukuanas do," he said, as he drew the shining steel over his broad breast. He did not stop there. At his request,* Infadoos had provided him with a complete set of native war attire.* He fastened the leopard-skin cloak of a commanding officer round his neck. He bound* the plume of black ostrich feathers, worn only by generals of high rank, just above his brow.*

On top of* his revolver, he was equipped with* a pair of sandals, a heavy battle-ax, a round iron shield,* and the throwing-knives. The Kukuana war uniform was, no doubt, a savage one, but I have to admit* that I seldom saw a finer sight than Sir Henry Curtis presented in this attire. It showed off his magnificent physique,* and when Ignosi arrived shortly thereafter,* arrayed* in a similar costume,* I thought to myself that I had never before seen two such splendid men.

As for Good and me, the armor did not suit* us nearly so well. To begin with,* Good insisted* on keeping on his trousers. Besides, a stout,* short gentleman with an eyeglass, dressed in a shirt that was carefully tucked into* a very seedy* pair of corduroys, looks more strange than imposing.* In my case, the chain shirt was too big for me, so I put it on over all my clothes. This caused it to bulge* in an ungainly* fashion. I got rid of* my trousers, however, keeping only my leather shoes, having decided to go into battle with bare* legs. This was so that I could run faster, in case it became necessary for me to run away, back to camp.

I was given a spear, a shield, a revolver, and a huge plume. In addition to* all these items,* we had our rifles as well, of course. But ammunition was scarce,* so we decided that they should be carried behind us by bearers.*

When at last we had equipped ourselves, we swallowed some food hastily* and went out to see how things were going on. We found Infadoos surrounded by his own regiment, the Grays. It was undoubtedly* the finest in the Kukuana

---

admit 인정하다　**physique** 체격　**thereafter** 그 후에, 그 이래　**array** 배치하다, 배열하다　**costume** 의상　**suit** 어울리다　**to begin with** 우선　**insist** 주장하다, 고집하다　**stout** 뚱뚱한, 살찐　**tuck into** ~로 밀어 넣다, 쑤셔 박다　**seedy** 누추한, 꼴사나운　**imposing** 인상적인, 눈길을 끄는　**bulge** 부풀다, 불룩하다　**ungainly** 꼴사나운, 볼품없는　**get rid of** ~을 면하다, ~을 벗어나다　**bare** 발가벗은, 살을 드러낸　**in addition to** ~에 더하여, ~ 외에 또　**item** 항목, 조목　**scarce** 부족한　**bearer** 운반인, 짐꾼　**hastily** 급히, 다급하게　**undoubtedly** 의심할 여지없이, 확실히

army. This regiment, now three thousand five hundred strong, was being held in reserve.* The soldiers were lying down on the grass in companies, watching the King's soldiers creep out of Loo in long ant-like columns. There seemed to be no end to the length of these columns. There were three in all, and each of them had at least eleven or twelve thousand men.

As soon as they were outside the town, the regiments formed up. Then one marched off to the right, another to the left, and the other came on slowly toward us.

"Ah," said Infadoos, "they are going to attack us from three sides at once."

This was horrifying* news. Our position on the top of the mountain, which measured a mile and a half in circumference,* meant that it was important for us to concentrate* our comparatively* small defending* force as much as possible. Now, since it was impossible for us to know in what way we would be attacked, we had to make the best of it. We sent orders to the various regiments to prepare to receive three separate* onslaughts.*

Chapter 13

The Attack

드디어 이그노시의 반란군과 트왈라 왕의 군대가
피비린내 나는 전투를 벌인다.
비교적 적은 수의 군대로 왕의 군대를 물리치기 위해
이그노시와 쿼터메인 일행은 치밀한 작전을 짠다.

The three columns crept on slowly. Within about five hundred yards of us, the main column stopped at the bottom of the hill to give time to the other columns to take position. The object of this maneuver* was to enable simultaneous attacks from three sides.

I noticed that a man, who looked like a general, was walking about ten yards in front of the main column. I took my express rifle and aimed it carefully at him, who was about three hundred and fifty yards away. I took in a deep breath and pulled the trigger. Instantly, the poor man fell forward onto his face.

Our soldiers who had seen the feat* cheered* wildly at this exhibition* of the white man's magic. They took it as an omen* of success. The column of soldiers the general had belonged to, however, fell back in confusion. Sir Henry and Good now took up their rifles and began to fire. By the time the men ran out of our range, we had killed eight to ten of them.

Just as we stopped firing, we heard a roar from our far right, then a similar roar

maneuver 작전 행동   **feat** 위업, 뛰어난 솜씨   **cheer** 환성을 지르다, 갈채하다
exhibition 구경거리   **omen** 전조, 징조

from our left. The two other columns were closing in on* us.

At the sound, the main column began advancing up the hill at a slow pace. We kept firing our rifles steadily. Ignosi joined in occasionally,* and we killed several men, but of course that did not have any significant effect on the great army.

They continued to come up slowly to save their breath. Our first line of defense was about halfway down the hill, our second fifty yards further back, while our third occupied* the edge of the plateau.* Soon the throwing-knives began to fly backward and forward. Then, with an awful yell, the battle closed in.

Men began to fall as fast as leaves in an autumn wind. Before long, the superior* force of the attacking army began to show. Our first line of defense was slowly pushed back, and soon it merged* into the second.

A fierce battle ensued,* but again our people were driven back and up. Within twenty minutes of the start of the fight, our third line came into action.*

By this time, the attackers* were exhausted. Moreover, they had lost many men on the way up, so they could not break through* our third line of defense. Sir Henry watched the struggle with a kindling* eye, and then he suddenly rushed off, followed by Good, and threw himself into the middle of the fight. I stayed where I was.

Our soldiers caught sight of Sir Henry's tall form as he plunged into battle.

"Here is the Elephant!" they cried. "Here is the Elephant! Here is the Elephant!"

---

close in (on) (~에게) 가까워지다, 다가오다 **occasionally** 때때로, 이따금 **occupy** 차지하다 **plateau** 고원 **superior** 뛰어난, 우세한 **merge** 합병하다, 병합하다 **ensue** 뒤이어 일어나다 **come into action** 전투에 참가하다, 교전하다 **attacker** 공격자 **break through** ~을 돌파하다 **kindling** 불꽃이 이는

That was the real turning point of the battle. Inch by inch, the attacking force was pressed back down the hillside* until it retreated* upon its reserves in confusion. At that instant, a messenger arrived to say that the attack on the left had been successfully resisted. Just as I was beginning to congratulate* myself, however, we realized that our men on the right were being driven toward us across the plain, followed by swarms* of the enemy.

Soon Ignosi and I were in the middle of a furious onslaught upon the advancing foe.* I am not sure what happened next. All I can remember is the dreadful clashing of shields, and the sudden appearance of a huge soldier who was running straight at me with a bloody spear. Although I was terrified,* I knew that if I stood still I would be killed. As the Goliath of a man came close, I threw myself down in front of him so cleverly that, being unable to stop himself, he flipped right over* me. Before he could rise again, I shot him in the head with my revolver.

Shortly after that, somebody knocked me down, and I remember no more of that battle.

When I came to, I found myself back at our hut, with Good bending over* me and holding some water in a gourd.*

"How are you?" he asked anxiously.*

"Pretty well, thank you. I think I got knocked on the head. Did we win?"

"They have been pushed back for now. We've lost about two thousand men, and they must have lost three."

---

hillside 산허리, 구릉의 중턱   retreat 후퇴하다, 퇴각하다   congratulate 축하하다, 경축하다   swarm 무리, 떼   foe 적, 원수   terrified 무서워하는, 두려워하는   flip over 홱 뒤집다   bend over 몸을 ~ 위로 굽히다   gourd 박, 바가지   anxiously 걱정스럽게

When I got up and walked out of the hut, I saw Sir Henry, who still held a battle-ax in his hand, Ignosi, Infadoos, and one or two of the chiefs in deep consultation.

"Thank God, here you are, Quatermain!" said Sir Henry. "We can't figure out* what to do. We have beaten off* the attack. And now Twala is receiving large reinforcements,* but he is not attacking. I think he is planning on starving us out.*"

"That's not good," I said.

"No, it isn't. And Infadoos says that our water supply is nearly finished."

"So, master, we have no water and little food," said Ignosi. "Now we must choose among these three things—to starve here, or to strive* to break away toward the north, or to launch ourselves straight at* Twala's throat. Sir Henry says that we should charge. I want to hear your opinion. What do you say we do, master?"

"I agree with Sir Henry," I said. "We are trapped.* Our best chance is to initiate* an attack right now. We have to attack before the sight of Twala's overpowering* force weakens our men's spirit. If we don't, some of the captains might change their minds and make peace with* Twala."

Ignosi thought hard for a moment.

"We will attack today," he said at last. "This is how we will attack Twala. Do you see how the hill curves round like the half-moon, and how the plain runs like a green tongue toward us within the curve?"

"Yes," Sir Henry and I answered in unison.

"Good," said Ignosi. Then he turned to his uncle. "When the sun begins to

---

figure out 이해하다, 알다 beat off 물리치다 reinforcements 증원 부대, 증강 병력 starve out ~을 굶겨 죽이다 strive 싸우다, 분투하다 launch oneself at ~을 향해 맹렬히 덤비다 trap 덫을 놓다 initiate 착수하다, 개시하다 overpowering 압도적인, 저항하기 어려운 make peace with ~와 화해하다

go down tonight, let your regiment and another one advance down to the green tongue. When Twala sees the regiments, he will send his army to crush* it. But the spot is narrow,* and Twala's regiments can only come against you one at a time. This will allow you to destroy them one by one. Sir Henry will go with you. I will stay with the second regiment, so that when your regiment is demolished,* there'll still be a King these men could fight for. And with me shall come master the wise."

"It is well, King," said Infadoos, assuring his regiment's perfect victory.

"And while the eyes of Twala's soldiers are fixed upon that fight, one-third of our remaining men, or about 6,000, will creep along the right side of the hill and attack the left flank* of Twala's force," went on Ignosi. "Another third, led by Good, will creep along the left side and attack Twala's right flank. And when I see that the time is right, I will attack Twala. If all goes well, we'll be celebrating our victory in Loo before nightfall.*"

The preparations for the final attack were made in under an hour. Good came up to Sir Henry and me.

"Goodbye, my friends," he said. "I have come to shake hands, in case we should not meet again."

We shook hands in silence.

"I doubt I will see tomorrow's sun," said Sir Henry at last, his deep voice shaking a little. "The Grays, with whom I am to go, are to fight until they are wiped out* to outflank* Twala. Well, it will be a man's death. Goodbye, my friends, and God bless you! I hope you will live to collect the

---

crush 진압하다, 탄압하다   narrow 폭이 좁은   demolish 완파하다, 허물다
flank 옆구리, 측면   nightfall 황혼, 해 질 녘   wipe out 무찌르다, 전멸하다
outflank 측면에서 공격하다

diamonds."

In another second, Good was gone, and then Infadoos came up and led off Sir Henry to his places in the forefront of* the Grays. Meanwhile, I departed with Ignosi to my station* in the second attacking regiment.

Chapter 14

The Last Stand

작전은 성공을 거두어 이그노시는 왕권을 차지한다. 포로로 잡힌 트왈라는 자신의 아들 스크라가를 죽인 헨리 경에게 결투를 신청하고 장렬히 최후를 맞는다.

The regiments destined to* carry out* the flanking movements marched off in silence in order to conceal their advance from the keen* eyes of Twala's scouts.

---

in the forefront of (전투에서) ~의 최전선에 **station** 위치 **(be) destined to** ~로 예정되어 있다 **carry out** 실행하다, 집행하다 **keen** 날카로운, 예리한

Half an hour later, the Grays and their supporting regiment, known as the Buffaloes, marched off with the mission* of bearing a violent attack.

Infadoos was an old, experienced general. He knew the importance of keeping up the spirits of* his men before such a desperate encounter.* So, before going into the battle, he addressed them in poetic* language.

"Behold* your King!" said Infadoos, pointing to Ignosi. "Go fight and fall for him, as is the duty of brave men. Cursed* and shameful* be the man who shrinks from death for his King, or who turns his back to the enemy. Behold your King, chiefs, captains, and soldiers!"

By the time that we reached the edge of the plateau, the Grays were already halfway down the slope. The excitement in Twala's camp on the plain beyond was great. Regiment after regiment began to advance forward in order to prevent the attacking force from* entering the plain of Loo.

The Grays had formed into a column while passing down the side of the hill. On reaching the spot where it broadened out again, they reassumed their triple-line* formation* and stopped.

Then we, the Buffaloes, moved down the tip of the tongue and took our position. We were about one hundred yards behind the last line of the Grays, and on slightly higher ground. Meanwhile, Twala's army, which now numbered more than forty thousand following the reinforcements, was moving swiftly up

---

mission 사명, 임무　keep up the spirit of ~의 사기를 유지하다　encounter 교전, 충돌　poetic 시의, 시적인　behold 보다　cursed 저주받은, 천벌 받은　shameful 부끄러운, 창피한　prevent A from B A가 B하는 것을 막다　triple-line 3열의　formation 대형, 편성

toward us. However, at the root of the tongue they hesitated, having discovered that only one regiment could advance into the valley at a time.

After some confusion, they finally stopped their advance. Then, a tall general appeared and gave an order. Then the first regiment, raising a shout, charged up toward the Grays. The Grays remained perfectly still and silent till the attacking troops were within forty yards.

Then suddenly, with a roar, they sprang forward with uplifted* spears, and the two sides clashed violently. A few minutes into the fierce battle, however, the attacking lines began to grow thinner. Then, with a slow, long heave,* the Grays passed over them. It was done; the attacking regiment was completely destroyed. The Grays, two thirds of whom had died, still had two lines of soldiers left.

Closing up shoulder to shoulder, they stood in silence and waited for the next attack. I was rejoiced* to catch sight of Sir Henry's yellow beard as he moved to and fro* arranging the ranks. He was still alive!

Meanwhile, we moved onto the ground of the encounter, which was covered with about four thousand human beings, dead, dying, and wounded. Ignosi ordered that none of the enemy's wounded were to be killed.

Soon a second regiment was advancing to attack the two thousand remaining Grays. When the enemy was within forty yards or so, the Grays hurled* themselves at them. Again there came the awful sound of the meeting shields, and we watched the tragedy* repeat itself.

---

uplifted 위로 올려진 **heave** 들썩거림 **rejoice** 기뻐하다, 좋아하다 **to and fro** 이리저리, 여기저기 **hurl** 세게 내던지다 **tragedy** 비극

This time the battle lasted longer, and for some time it seemed that the Grays would be overwhelmed by the attacking force. However, just when we thought that it was all over with the Grays, I heard Sir Henry's deep voice ringing out over the terrible clash of spears. Also I caught a glimpse of his battle-ax as he waved it high above his plumes. That was the turning point; the Grays stood still as a rock, and waves of spearmen* rushed at them again and again, only to recoil.* Over the next couple of minutes, the onslaught grew fainter.

All of a sudden, the attacking regiment broke away in flying groups. The Grays were once again victorious.* However, there remained at most around six hundred of them. Yet they cheered and waved their spears in triumph.* And then, they ran forward after the fleeing groups of the enemy. Finally, they took over the rising knoll* of ground, and formed a threefold* ring around its base. And there, thanks be to Heaven,* I saw Sir Henry. He was apparently unharmed,* and with him was our old friend Infadoos. Then Twala's regiments rolled down upon them, and once more the battle closed in.

As those who read this story will probably have gathered,* I am, to be honest, a bit of a coward.* I certainly do not look for fights. I have always hated it. At this moment, however, for the first time in my life, I felt my bosom* burn with the desire to fight.

I looked at Ignosi. He looked comparatively* calm, though he still

---

spearman 창병, 창 쓰는 사람   recoil 움찔하다   victorious 승리를 거둔, 승리의   in triumph 의기양양하여   knoll 작은 산, 둔덕   threefold 3중의, 3겹의   thanks be to Heaven 고맙게도   unharmed 해를 입지 않은, 무사한   gather (수집한 정보를 통해) 알다, 이해하다   coward 겁쟁이   bosom 가슴   comparatively 비교적, 상대적으로

ground his teeth.* I could not bear* it any longer.

"Are we just going to stand here, Umbopa—Ignosi, I mean—while Twala kills all of our brothers?" I asked.

"No, master," he said. "Now is the right time. Let's go."

As he spoke, a new regiment rushed past the ring on the little mound,* attacked it from the side.

Ignosi lifted his battle-ax and gave the signal to advance. Screaming the wild Kukuana war-cry,* the Buffaloes charged with a rush* like the rush of the sea.

What followed immediately I cannot describe. All I can remember is an irregular* yet ordered* advance. It seemed to shake the ground. Then came an awful shock as we reached the mound, followed by a dull roar of voices. There was a continuous flashing* of spears, seen through a red mist of blood.

Next, I found myself standing inside the remnant* of the Grays near the top of the mound, and just behind me was Sir Henry. I did not know at the moment how I had got there. As for the fight that followed, again, I cannot describe it in detail. Again and again the multitudes* surged* against our momentarily* lessening* circle, and again and again we beat them back.

It was a splendid thing to see those brave battalions* come on time after time over the barriers* of their dead to receive our spear-thrusts.* It was a gallant* sight to see Infadoos shouting out orders to keep up the spirit of his few remaining men. As each charge rolled on, he stepped forward

---

grind one's teeth 이를 갈다 bear 견디다 mound 작은 언덕 war-cry 함성 with a rush 순식간에; 총력을 기울여 irregular 불규칙한, 변칙적인 ordered 정연한, 질서 바른 flashing 섬광 remnant 나머지, 잔여 multitude 다수, 많은 사람 surge 파도처럼 밀려오다 momentarily 시시각각으로, 곧 lessening 줄어드는, 작아지는 battalion 대대, 대군 barrier 방벽, 방책 thrust 공격, 공세 gallant 훌륭한, 당당한

to wherever the fighting was thickest. And yet more gallant was the sight of Sir Henry. There he stood, this gigantic man, with his hands, his ax, and his armor all red with blood. Time after time, I saw his ax sweeping down* as some great warrior ventured to* give him battle. His blows went crashing through shields and spears, through hair and skulls.* At last no enemy dared come near the great white wizard of their own will.

But suddenly, there rose a cry of "Twala, Twala," and out of the crowd sprang forward none other than the gigantic one-eyed King himself. He was also armed with battle-ax and shield, and clothed in chain armor.

"There you are, white man!" he shouted. "You killed Scragga, my son! Let's see if you can kill me!" With that, he hurled a spear straight at Sir Henry. Fortunately, he saw it coming, and blocked* it with his shield.

Then, with a cry, Twala rushed forward straight at him. He struck such a strong blow with his battle-ax on Sir Henry's shield that it brought Sir Henry down upon his knees.

But at this time the fight went no further, for at that moment there rose from the regiments around us something like a shout of dismay.* I looked up and saw the cause.

Our warriors had come to save us. The timing could not have been better. All Twala's army, as Ignosi had predicted,* had fixed their attention on the bloody struggle with the remnant of the Grays and that of the Buffaloes. Before they

---

sweep down 급습하다 **venture to** 위험을 무릅쓰고 ~하다 **skull** 두개골, 해골 **block** 막다 **dismay** 어찌할 바를 모름, 놀람 **predict** 예언하다, 예측하다

could even assume a proper* defensive formation, our warriors had leapt* on their flanks.

In five minutes, the fate of the battle was decided. Attacked on both flanks by the Grays and Buffaloes, Twala's regiments broke into flight. Soon the whole plain between us and Loo was scattered* with groups of fleeing soldiers. We were left standing there like a rock from which the sea has retreated. And what a sight it was! Around us the dead and dying lay in heaped-up* masses. There remained only ninety-five Grays on their feet. More than three thousand four hundred had fallen in this one battle, most of them never to rise again.

"Men, today's fighting will be spoken of by your children's children," Infadoos addressed what remained of his army. Then he turned around and shook Sir

Henry Curtis by the hand. "You are a great captain, sir. I have lived a long life among warriors, and have known many brave men, yet I have never seen a man like you."

Presently we were joined by Ignosi, who informed us that he was going to Loo to complete the victory by capturing* Twala. Before we had gone far, we came across Good sitting on an ant-heap about one hundred paces from us. Next to him was the body of a Kukuana.

"He must have been dead," said Sir Henry. As he made the remark, an unexpected thing happened. What we had assumed to be the dead body of the Kukuana soldier suddenly sprang up, knocked Good head over heels off the ant-heap, and began to spear* him. We ran forward in terror. Seeing us coming,

---

proper 적당한, 적절한　**leap** 껑충 뛰다, 뛰어오르다　**scatter** 뿔뿔이 흩어지다
heaped-up 쌓아 올린　**capture** 포로로 잡다　**spear** 창으로 찌르다

the Kukuana gave one final dig,* and ran away with a shout of "Take that, wizard!" Good did not move, and we thought he was dead. As we came to him, we found him pale. To our astonishment, he had a serene* smile on his face, and his eyeglass still fixed in his eye.

"This is great armor," he murmured, and then he fainted. On examination,* we discovered that he had been seriously wounded in the leg. But the chain armor had prevented the assailant*'s spear from doing anything more than bruise* him badly.* As nothing could be done for him at the moment, we placed him on one of the shields used for the wounded, and carried him along with us.

On arriving before the nearest gate of Loo, we found our regiments guarding the different exits to the town. The officer in command of one of these regiments saluted Ignosi as King. Then he informed him that Twala's army had taken refuge in* the town and that they would probably surrender. Ignosi, after taking counsel with* us, sent forward heralds to each gate ordering the defenders to open, and promising forgiveness to every soldier who laid down his arms. This message soon had its effect. Half an hour later, amid* the shouts and cheers of the Buffaloes, the gates were flung open.

Taking due* precautions* against treachery,* we marched into Loo. All along the roadways stood thousands of dejected* warriors, their shields and spears at their feet. They saluted Ignosi as King as he passed. We marched straight on to

---

give a dig 쿡 찌르다　**serene** 잔잔한, 고요한　**examination** 조사, 검사　**assailant** 공격자, 습격자　**bruise** 타박상　**badly** 대단히, 몹시　**take refuge in** ~에 피난하다　**take counsel with** ~와 상의하다　**amid** ~의 한복판에　**due** 적절한, 마땅한　**take precautions** 예방 조치를 취하다　**treachery** 배반　**dejected** 풀이 죽은, 실의에 빠진

Twala's village. When we reached it at last, we found Twala with only one attendant—Gagool.

It was a melancholy* sight to see him seated with his battle-ax and shield by his side and only one old woman for companion. Not a single soldier, not a courtier,* not even a solitary* wife remained to share his fate.

Filing* through the village gate, we marched across the open space to where he sat. As we drew near, Twala fixed his one eye upon his successful rival*—Ignosi.

"Hail,* King!" he said coldly. "You have used the white man's magic to defeat my army! What do you plan on doing to me now, King?"

"The same thing you did to my father!" answered Ignosi.

"Good. I will show you how to die. I am ready to die, but I want to die fighting."

"Then you shall get your fight. Who do you wish to fight? I cannot fight you, for it is the custom of our Kings to fight only in war."

"What do you say, white man?" said Twala, turning to Sir Henry. "Shall we end what we began today, or shall I call you a coward?"

Unfortunately, Sir Henry understood the last part of this remark, his cheeks turned red.

"I will fight him," he said. "He will see if I am a coward."

Sir Henry stepped forward and lifted his ax.

"Don't fight, my white brother," said Ignosi, laying his hand affectionately* on Sir Henry's arm. "You have fought enough

---

melancholy 우울한, 구슬픈 courtier 조신, 신하 solitary 유일한, 단 하나의
file 열을 지어 행진하다 rival 맞수 hail 만세, 행복하기를 **affectionately** 애정을 담고

today, and if you were to die my heart would break."

"I am going to fight Twala, Ignosi," said Sir Henry.

"All right, master. You are a brave man. It will be a good fight. Twala, he is ready for you."

Twala laughed savagely and stepped forward. Then Sir Henry and Twala began to circle around each other with their battle-axes raised.

Suddenly, Sir Henry sprang forward and struck a fearful blow at Twala, who stepped to his side. Then, circling his massive battle-ax in the air, Twala brought it down with tremendous* force. Then, with a quick upward movement of the left arm, Sir Henry interposed* his shield between himself and the ax. The next moment, Sir Henry got in a second blow, which was also received by Twala on his shield.

Blows upon blows were exchanged* in this fashion.* The excitement grew intense. The soldiers that were watching the fight forgot their discipline* and drew near, shouting and groaning at every stroke.

After some minutes, Sir Henry, having caught a fresh stroke upon his shield, hit out with all his force. The blow cut through Twala's shield and through the chain armor behind it, gashing* him in the shoulder. With a yell of pain and fury, Twala returned the blow with all his strength,* wounding Sir Henry in the face.

This blow made Sir Henry fall to the ground violently.* As he fell, however, he rolled forward to the back of Twala, and was back on his feet in the blink of an

---

tremendous 어마어마한, 굉장한   **interpose** 사이에 끼우다, 삽입하다
exchange 주고받다   **fashion** 방법, 방식   **discipline** 규율   **gash** 깊이 베이다   **with all one's strength** 힘껏   **violently** 맹렬하게, 난폭하게

eye.* Before we had time to cheer or Twala could turn around, Sir Henry swung his battle-ax horizontally.* Twala's head sprang from his shoulders. Then it fell to the ground and came rolling toward Ignosi, stopping just as his feet.

For a second, the corpse stood upright,* with a mist of blood spraying up* into the air. Then with a dull crash it fell to the ground, and the gold chain from its neck rolled away from it. For a few seconds, Sir Henry stood still and silent, then he walked over to Twala's head. After taking the diamond crown from the dead head, he handed it to Ignosi.

"Take it," he said. "You're the rightful King of the Kukuanas."

Ignosi put the crown on his head.

"Now, our rebellion is victorious," he said. "In the morning, the oppressors* arose* and stretched themselves. They laughed in their pride, but we have overcome* them. Where are the mighty ones who rose up in the morning now? Rejoice my people!

Out of the gathering gloom came back the deep reply.

"You are our King!"

---

in the blink of an eye 눈 깜짝할 사이에, 순식간에　**horizontally** 수평으로　**upright** 똑바로 선　**spray up** 뿜어져 나오다　**oppressor** 압제자, 박해자　**arise** 일어나다, 발생하다　**overcome** 이기다, 패배시키다

Good Falls Sick

전투 후 굿 대령의 상처가 악화된다.
쿠쿠아나족의 제물이 될 뻔했던 파울라타는
목숨의 은인 굿 대령을 극진하게 간호하고
이에 힘입어 대령은 죽음의 고비를 넘긴다.

After the fight ended, Good was helped into Twala's hut, where Sir Henry and I joined him. Sir Henry and Good were both utterly exhausted. As for myself, I am very strong, and can stand* more fatigue* than most men. That night, however, I was quite exhausted, and, as is always the case with me when exhausted, that old wound which the lion gave me began to ache.* I was also still suffering from the blow to the head that had knocked me unconscious* earlier that day. Altogether, we were a miserable* trio.

Foulata, since we saved her life, had acted as our maid, and especially Good's. She helped us take off the chain armor shirts. As I expected, we found that the flesh underneath was terribly bruised.* In fact, both Sir Henry and Good were totally covered in bruises. I had only a few. As a remedy,* Foulata brought us some pounded* green leaves which, when applied* as a plaster,* gave us considerable* relief.

Good also had a hole at his left leg,

---

stand 참다, 견디다 fatigue 피곤, 피로 ache 아프다, 쑤시다
unconscious 의식 불명의, 인사불성의 miserable 불쌍한, 비참한 bruised 멍든, 타박상을 입은 remedy 치료, 치료약 pounded 빻아진, 가루로 만들어진
apply 바르다 plaster 고약, 반창고 considerable 상당한

from which he had lost a great deal of blood. Sir Henry had a deep cut over the jaw.* Luckily, Good is a decent* surgeon,* and so he managed to stitch up* first Sir Henry's and then his own wounds pretty well. Afterward, he smeared* the wounds with some antiseptic* ointment* before covering them with the remains of a handkerchief.

After we had a little to eat, we all fell asleep in what used to be Twala's hut. At around midnight, I was awakened by a long, piercing howl* that came from a hut behind us. Soon I discovered that it came from Gagool lamenting* the dead King Twala.

In the morning, I realized that Good had a high fever. Then he began to grow lightheaded,* and at last to spit* blood. Sir Henry, on the other hand, seemed pretty fresh, notwithstanding* the wound on his face.

Later in the morning, we had a short visit from Ignosi.

"Hail, King!" I exclaimed, rising.

"Yes, master. I am King at last, thanks to your three right hands."

He informed us that the aftermath* of the battle was being handled* well, and that he hoped to arrange a great feast* in two weeks' time in order to show himself to the people. I asked him what he had decided to do with Gagool.

"She is the evil behind everything bad in this land," he answered. "She needs to be killed, along with all the witch doctors!"

"But she is the only one who knows where the diamonds are. Do not forget

---

jaw 턱 decent 괜찮은 surgeon 외과의 stitch up 꿰매다 smear 바르다, 칠하다 antiseptic 소독제 ointment 연고 howl 울부짖는 소리 lament 애통해하다, 애도하다 lightheaded 머리가 어찔어찔한 spit (침을) 뱉다, 토하다 notwithstanding ~에도 불구하고 aftermath 여파, 후유증 handle 처리하다 feast 잔치, 연회

your promise, Ignosi. You have to take us to the mines, even if you have to keep Gagool alive until we can find them."

"I will keep my promise, master. I will think over it."

After Ignosi's visit, I went to see Good, and found him quite delirious.* The fever and the internal* injury had taken a toll on* the poor man. For four or five days his condition worsened.* I believe that had it not been for Foulata's heartfelt* nursing,* he must have died.

After two more days, Good began to recover. It was not till he was nearly well that Sir Henry told him of all he owed to Foulata, and how she sat by his side for eighteen hours a day.

A week later, on the night of the feast and the formal recognition of Ignosi as the King, Ignosi came to us.

"My friends, I have discovered this,"

he said. "There are three great mountains called the Silent Ones. They are the ones to whom Twala would have offered the girl Foulata as a sacrifice. And there is a great cave deep in the mountain where the Kings of the land are buried. There you will find Twala's body, sitting with those who went before him. There, also, is a deep pit, which looks like the mines I have seen you white men dig. There, in the Place of Death, there is a secret chamber.* I suspect* the stones you seek are there in the chamber. Only the ex-king and Gagool knew where it was. But Twala is dead now."

"So have you decided what you will do next?" I asked anxiously.

"Yes. Tomorrow, in return for not

---

delirious 헛소리를 하는, 의식이 혼미한 **internal** 내부의 **take a toll on** ~에 큰 타격을 주다 **worsen** 악화되다 **heartfelt** 진심에서 우러난 **nursing** 병구완 **chamber** 방 **suspect** ~이 아닌가 하고 생각하다, 의심하다

taking her life, Gagool will take the three of you and Infadoos and Foulata to the secret chamber."

Chapter 16

The Place of Death

마녀 가굴은 면죄받는 대신
쿼터메인 일행을 광산으로 안내하기로 한다.
기운을 차린 일행은 부는 보장되지만
죽음이 기다리고 있을지도 모르는 장소로 향한다.

After a three-day trek, we arrived at what the Kukuana people call the Silent Ones. As we drew near, we perceived* that they were Colossi* of some sort or another. But it was not until we were quite

---

perceive 인지하다, 알아차리다   **colossus** 거대한 조각상, 거상

close to them that we recognized the full majesty* of these Silent Ones.

There, upon huge pedestals* of dark rock, were three colossal* seated forms. There were two male ones and one female, each measuring* about thirty feet from the crown of its head to the pedestal.

Before we had finished examining these extraordinary relics,* Infadoos came up. After saluting the Silent Ones by lifting his spear, he asked us if we intended* on entering the "Place of Death" right away. We said that we would go immediately. At a distance of some fifty paces from the backs of the Colossi, rose a sheer* wall of rock. At the bottom of it was a narrow portal* solidly* arched* that looked like the opening of a mine.

"I will wait here," said Infadoos. "It is a holy* place, and no Kukuana is allowed in there except Kings."

Gagool led us inside, and we walked through a dark, narrow passage* for about fifty paces. Then, slowly but surely, we perceived that the passage was growing faintly light. Another minute, we were in perhaps the most wonderful place that the eyes of a living man have beheld.

Imagine the hall of the vastest cathedral* you ever stood in, windowless* indeed, but dimly* lighted from above somehow. The roof arched away a hundred feet above our heads. What surprised me the most was not the size of the place, but the gigantic pillars* of what looked like ice, but were, in reality, huge stalactites.*

Before we had time to take in the beauty of this vast and silent cave, Gagool led us

---

majesty 장엄, 웅장함 **pedestal** 받침대 **colossal** 어마어마한 **measure** 재다, 측정하다 **relic** 유물, 유품 **intend** ~할 작정이다 **sheer** 깎아지른 듯한, 몹시 가파른 **portal** 정문, 현관 **solidly** 굳게, 견고하게 **arch** 아치 모양을 하다 **holy** 신성한, 성스러운 **passage** 복도, 통로 **cathedral** 대성당 **windowless** 창문 없는 **dimly** 어둑하게 **pillar** 기둥 **stalactite** 종유석

to another doorway.*

"Are you prepared to enter the Place of Death, white men?" asked Gagool with an evil smile.

We nodded and were led down another passage into a gloomy room. It was about forty feet long, thirty feet wide, and thirty feet high. There was a long table in the center of the room. When our eyes became accustomed to* the dim* light, we saw a ghastly* sight. There, at the end of the long stone table, holding in his skeleton fingers a great white spear, sat Death himself. He was shaped in the form of a colossal human skeleton,* fifteen feet or more in height.

"What are those things?" asked Good, pointing to the white forms around the table.

"And what on earth is that thing?" said Sir Henry, pointing to a brown creature seated on the table.

Sir Henry went to take a closer look, and started back with an exclamation. The brown thing was the corpse of Twala, the last King of the Kukuanas. Yes, there, the head perched* upon the knees, it sat in all its ugliness. And the white forms that sat around the table were also human bodies, or rather they had been human; now they were stalactites. This was how the Kukuana people had preserved* their royal dead. They petrified* them.

---

doorway 출입구 become accustomed to ~에 익숙해지다 dim 어둑한, 어스레한 ghastly 섬뜩한, 무시무시한 skeleton 해골의, 해골 perch 앉다, 자리 잡다 preserve 보존하다 petrify 석화하다, 돌이 되다

Chapter 17

Solomon's Treasure Chamber

가굴의 안내를 받아 쿼터메인 일행은
드디어 솔로몬 왕의 보물 창고에 도착한다.
일행이 보물의 양과 값어치에 놀라고 있는 동안
교활한 가굴은 이들을 영원히 그곳에 가두려고 한다.

"Now, Gagool, lead us to the chamber," I said.

"You are not afraid?" she said. "Are you sure you want to go on?"

"No," I lied. "Let's go."

Gagool hobbled around to the back of the great Death.

"Here is the chamber," she said. "Let us light a lamp, and enter."

We lit our lamps and looked for the doorway, but there was nothing before us except solid rock.

"The entrance is there, my lords. Ha! Ha! Ha!" said Gagool.

"Do not play games with us," I said sternly.

"I am not, my lords. See!" she said, pointing at the rock.

As she did so, we saw that a mass of stone was rising slowly from the floor and vanishing into the rock above. It was doubtless there was a cavity* prepared to receive it. The mass was of the width of a big door, about ten feet high and not less than* five feet wide. It must have weighed at least twenty or thirty tons. It was clearly

---

cavity 공동, 움푹한 곳 **not less than** 적어도

moved by some simple balance principle* of counterbalance.* How it was set in motion,* of course none of us saw; Gagool was careful to hide it. I had little doubt, however, that there was some very simple lever,* which was moved so easily by pressure* at a secret spot.

Very slowly and gently, the great stone raised itself until at last it had vanished altogether, and on the ground we found a dark hole. I began to tremble with excitement. Had we found Solomon's treasure chamber at last?

"Enter, white men from the Stars," said Gagool. She hobbled through the doorway, and we followed her in.

A few yards down the dark passage, Foulata, who had been in a state* of great fear and agitation* throughout, said that she felt faint and could not go any farther. Accordingly, we set her down and left her to recover.

After another fifteen paces, we came to an elaborately* painted wooden door. It was wide open. We stepped in cautiously.*

At first, all that the somewhat faint light given by the lamp revealed was a chamber carved* out of the rock, and apparently not more than ten feet square.* On one side of the room there was a collection of at least five hundred elephant-tusks. It was enough ivory to make a man wealthy for life.

On the opposite side of the chamber were about two dozen wooden boxes. They looked like large ammunition boxes, and were painted red.

"Those must be the diamonds," I cried. "Bring the light."

---

principle 원리, 원칙　**counterbalance** 평형추　**motion** 운동, 움직임　**lever** 지레, 레버　**pressure** 압력, 누르기　**state** 상태, 형세　**agitation** 동요, 흥분　**elaborately** 공들여, 애써서　**cautiously** 신중하게　**carve** 새기다, 새겨서 (상을) 만들다　**square** 제곱, 평방

Sir Henry did so, holding it close to the top box. I opened the lid* and found that it was full of gold coins with what looked like Hebrew* characters* stamped* on them.

"Ah!" I said. "At least we won't go back empty-handed.*"

"Go and look in that dark corner if you want to find the diamonds," said Gagool. "There you will find three stone chests,* two sealed and one open."

"Look in that corner, Curtis," I said, indicating* the spot Gagool had pointed out.

"Great heavens!" cried Sir Henry.

We hurried up to where he was standing and found three stone chests, each about two feet square. Two were fitted* with stone lids, the lid of the third rested against the side of the chest.

"Look!" Sir Henry exclaimed, holding the lamp over the open chest. We looked.

The chest was full of uncut diamonds, most of them of considerable* size. I picked some up. There was no doubt about it; these were diamonds!

I gasped loudly as I dropped them.

"We are the richest men in the whole world," I said.

"We will flood the market with diamonds," said Good.

We stood still with pale faces and stared at each other, the lantern in the middle and the glimmering* gems* below. We must have looked like conspirators* about to commit a crime,* instead of being, as we thought, the most fortunate men on earth.

What we failed to notice, however, as we were admiring the hoard,* was that Gagool

---

lid 뚜껑 Hebrew 고대 히브리어, 유대인 character 문자 stamp 날인하다, 찍다 empty-handed 빈손의 chest 상자, 궤 indicate 가리키다, 지적하다 fit 끼워 맞추다, 끼우다 considerable 상당한 glimmering 깜박이는, 어렴풋이 빛나는 gem 보석, 보옥 conspirator 공모자, 음모자 commit a crime 범죄를 저지르다 hoard 저장, 축적

had crept like a snake out of the treasure chamber and down the passage toward the door of solid rock.

Our daze* was interrupted by a sharp cry from above. It was Foulata's voice!

"Help! The stone is falling!" she cried.

"Then go!" shouted Good. "Go and get help!"

"Help! Help! She stabbed me!"

By now, we were running down the passage, and this is what we saw. The door of the rock was three feet from the floor and closing down slowly. Near it, Foulata and Gagool were struggling. Foulata was covered in blood, but still the brave girl held onto the old witch, who was fighting like a wild cat. Gagool freed herself at last and threw herself on the ground, then twisted* like a snake through the crack* of the closing stone. Before she could escape,* however, the stone dropped on her, and she yelled in pain. She shrieked* and shrieked, then came a sickening* crunch.*

We rushed to Foulata. The poor girl was stabbed in the stomach,* and I saw that she would not live long.

"Master, tell this man, who saved my life, that I love him," she said as Good held her with shaking arms. Before I could finish the translation, she was gone.

"She is dead! She is dead!" muttered Good with tears running down his face.

"Don't let it trouble* you too much, my friend," said Sir Henry.

"What!" exclaimed Good. "What do you mean?"

"Don't you see? We are buried alive, and you will soon join her!"

---

daze 멍한 상태, 눈이 부심 **twist** 뒤틀리다, 꼬이다 **crack** 갈라진 금, 틈 **escape** 피하다, 도망치다 **shriek** 앙칼진 소리를 지르다, 비명을 지르다 **sickening** 진저리 나는, 소름 끼치는 **crunch** 우두둑우두둑 부서지는 소리 **stomach** 배, 복부 **trouble** 괴롭히다

For a few minutes, we stood horrified.* We saw it all now; this had been Gagool's plan all along.*

"The lamp will go out soon," said Sir Henry. "Let's see if we can find the switch that moves the rock."

We began to desperately feel up and down the door and the sides of the passage. But no knob or spring was found.

"This door doesn't work from the inside," I said. "If it did, Gagool would not have risked trying to crawl underneath the stone."

We turned and went back to the treasure chamber with the basket of food which poor Foulata had brought with her. Then Good and I went back and reverently* carried in Foulata's corpse, laying it on the floor by the boxes of coin.

We looked at the little food we had. It was enough to keep us alive for a couple of days. Besides the "dried meat," there were two gourds of water.

"Now, let's eat and drink, for tomorrow we shall die," said Sir Henry grimly.

We each ate a small portion of the "dried meat," and drank a sip* of water each. Needless to say,* we had little appetite.* Then we got up and examined the walls of our prison,* in the faint hope of finding some means of exit. The effort was made in vain.*

The lamp began to grow dim.

"Quatermain, what is the time?" asked Sir Henry.

I took out my pocket watch and looked at it. It was six o'clock. We had entered the cave at eleven.

"Infadoos will come and look for us," I

---

horrified 겁에 질린, 충격 받은　**all along** 처음부터, 죽　**reverently** 경건하게
sip 한 모금　**needless to say** 말할 나위도 없이, 물론　**appetite** 식욕
prison 감옥　**in vain** 헛되이, 공연히

said. "If we do not return tonight, he will search for* us in the morning."

"But he does not know the secret of the door," said Sir Henry. "Gagool was the only person who knew the secret until today. And now, the only ones who know it are trapped inside Solomon's chamber. And in a few days, no one in the world will know it."

The lamp grew dimmer, then the flame* sank and expired.*

We Abandon Hope

파울라타는 가굴에게 죽음을 당하고
쿼터메인 일행은 보물 창고 안에 갇혀 절망에 빠진다
며칠 후 동굴에 공기가 드나든다는 사실을 발견하고서
다시금 희망을 품고 출구를 찾아 길을 나선다.

I can give no adequate* description* of the horrors of our first night in the chamber. After a few hours in silence and darkness, the irony* of the whole situation

---

search for ~을 찾다, 수색하다　**flame** 불꽃, 화염　**expire** 꺼지다
adequate 알맞은, 적당한　**description** 서술, 묘사　**irony** 빈정댐, 아이러니

dawned on* me. There around us lay treasures enough to pay off a national debt,* and yet we would have bartered* them all gladly for the faintest chance of escape.

"Good, how many matches* have you in the box?" asked Sir Henry all of a sudden.

"Eight."

"Strike one so we can see the time."

He did so, and in contrast to* the darkness the flame nearly blinded* us. It was five o'clock in the morning by my watch.

"We should eat something to keep up our strength," I suggested.

We ate and sipped some water, and another period of time passed. We fell asleep and awoke again and again. On what we later found was our third night inside the chamber, an idea occurred* to me.

"How does the air in this place keep fresh?" I said. "It is thick and heavy, but it is perfectly fresh."

"Great heavens!" said Good. "How did we not think of that earlier? The air can't come through the stone door because it's airtight.* Yet it must come from somewhere. Let's have a look."

The next moment, we were all groping about* on our hands and knees, feeling for the slightest indication* of a draft.*

"Come here," said Good after what must have been a good hour of groping about.

We scrambled* toward him quickly.

"Quatermain, put your hand here where mine is. Do you feel anything?"

"I think I feel cold air coming up."

---

dawn on ~에게 분명해지다, 이해되기 시작하다 **debt** 빚, 부채 **barter** 물물 교환하다 **match** 성냥 **in contrast to** ~와 대조를 이루어, ~와는 현저히 다르게 **blind** 눈멀게 하다 **occur** 일어나다, 생기다 **airtight** 밀폐된 **grope about** 손으로 더듬거리다, 손으로 더듬어 찾아다니다 **indication** 징조, 조짐 **draft** 외풍, 찬바람 **scramble** 재빨리 움직이다

With trembling hands, I lit a match. At first, we looked around and saw that we were in one of the corners of the chamber. Then we looked on the floor and, to our great joy, found a stone ring. Without another word Sir Henry stood it up and pulled it up with all his strength. Suddenly, there was a grating* sound, then a rush of air. And there, before us, was the first step of a stone stair!

We rejoiced and embraced* each other. After gathering what remained of our food and water and a few pocketfuls* of diamonds each, and after Good had bid farewell to* the cold body of Foulata, we crawled back to the opening we had just found.

"Steady, I will go first," said Sir Henry.

As he descended,* Sir Henry counted the steps. When he got to "fifteen", he stopped.

"Thank goodness!" he said. "I think it's a passage. It's safe. Come down."

Good went next, and I went last. On reaching the bottom, I lit one of the two remaining matches. By its light, we could just see that we were standing in a narrow tunnel. Before we could make out any more, the match burnt my fingers and went out.* We now had to decide which way to go. Of course, it was impossible to know what the tunnel was, or where it led to. Yet, to turn one way might lead us to safety, and the other to destruction.* We were completely perplexed. Then suddenly it struck Good that when I had lit the match the draft of the passage blew the flame to the left.

"Let us go against the draft," he said.

---

grating 삐걱거리는 embrace 포옹하다, 껴안다 pocketful 호주머니 한 가득
bid farewell to ~에게 작별을 고하다 descend 내려가다 go out (불 등이)
꺼지다 destruction 파멸

"Air draws inward, not outward."

We took this suggestion. Feeling along the wall with our hands, we departed from that accursed* treasure chamber on our quest for an exit. If ever it should be entered again by another man, he will find evidence* of our visit in the open chests of jewels, the empty lamp, and the white bones of poor Foulata.

When we had groped our way for about a quarter* of an hour along the passage, suddenly it took a sharp turn, or was bisected* by another. We followed the new passage. And so it went on for some hours. We seemed to be in a stone labyrinth* that led to nowhere.* We thought that they must be the ancient workings of a mine.

At last we stopped, thoroughly worn out* with fatigue.* We ate up our small remaining pieces of dried meat and drank our last sips of water. It seemed to us that we had escaped Death in the darkness of the treasure chamber, only to meet him in the darkness of the passages.

As we stood, even more depressed than before we had found the faint light, I thought that I caught a sound. I called for the attention of the others. It was very faint and very far off, but we could definitely* hear it. It was a faint, murmuring sound. No words could describe the blessedness* of it after all those hours of utter,* awful stillness.*

"Good heavens! It's running water," said Good. "Come on."

Off we went again in the direction from which the faint murmur seemed to come. As we went, the sound became

---

accursed 저주받은   evidence 증거, 물증   quarter 4분의 1, 15분   bisect 양분하다, 이등분하다   labyrinth 미궁, 미로   nowhere 미지의 장소   worn out 지친   fatigue 피로   definitely 명확히, 확실히   blessedness 행운, 행복   utter 전적인, 완전한   stillness 고요, 정적

more and more audible,* until at last it seemed quite loud. We went on and on, and now we could distinctly* make out the unmistakable* swirl* of rushing water. And yet how could there be running water in the bowels* of the earth? We were quite near it, and Good, who was leading now, swore* that he could smell it.

"Go slowly, Good," said Sir Henry. "We must be close."

Splash! Then came a cry from Good.

He had fallen in.

"Good! Good! Where are you?" we shouted, shaking with fear. To our intense relief,* an answer came back.

"All right," Good said. "I've got hold of* a rock. Light a match to show me where you are."

Hastily, I lit the last remaining match. Its faint gleam revealed to us a dark mass of water running at our feet. How wide it was we could not see. But there, some way out, was the dark form of our companion hanging on to a protruding* rock.

"Hold your hands out for me," said Good. "I'm going to have to swim across."

Then we heard a splash, and a great struggle. After a few seconds, he grabbed at and caught Sir Henry's outstretched* hand, and we pulled him up high and dry* into the tunnel.

"The water was so deep that I could feel no bottom," he said, between his gasps. "If I hadn't managed to catch that rock, and known how to swim, I would have drowned,* for sure."

We dared not follow the banks of the subterranean* river for fear that* we might

---

audible 들리는, 들을 수 있는 distinctly 뚜렷하게, 명백하게 unmistakable 틀림없는 swirl 소용돌이 bowels 내부, 중심부 swear 맹세하다, 보증하다 to one's intense relief 천만다행으로 get hold of ~을 붙잡다 protruding 튀어나온, 돌출한 outstretched 쭉 뻗은 pull ~ up high and dry ~을 물 밖으로 끌어올리다 drown 물에 빠져 죽다, 익사하다 subterranean 지하의 for fear that ~을 두려워하여

fall into it again in the darkness. So after Good had rested a while, we drank our fill of the water, which was sweet and fresh. Then we started from the banks of this African Styx* and began to retrace* our steps along the tunnel. Good was dripping unpleasantly in front of us. At last we came to another passage leading to our right.

"We may as well take it," said Sir Henry wearily. "All the passages look similar. We can only go on till we drop."

Slowly, for a long, long while, we stumbled along this new tunnel. Sir Henry was now leading the way.

Suddenly, Sir Henry stopped, and we bumped up against* him.

"Look!" he whispered. "Am I going crazy, or is that light?"

We stared down the passage. There, far ahead of us, was a faint, glimmering spot. It was no larger than a cottage window pane.* It was so faint that we could have hardly perceived it.

With a gasp of hope we pushed on. In five minutes, there was no longer any doubt; it was a patch of faint light. A minute later, a breath of fresh air was fanning* us. We struggled on. All at once, the tunnel became narrow. We went on our knees and began to crawl. Smaller yet the tunnel grew, until it was only the size of a large foxhole.*

Sir Henry was out, and so was Good, and so was I. And there above us were the blessed stars, and in our nostrils* was the sweet air. I looked around and saw that we were merely fifty paces from the entrance to the cave.

As we sat down together and cried

Styx 삼도천(저승에 있는 강)　**retrace** 되짚어 가다　**bump up against** ~와 우연히 만나다, 부딪히다　**pane** 판유리, 창유리　**fan** 부채질하다　**foxhole** 참호 **nostril** 콧구멍

with joy, we heard the sound of footsteps approaching fast from behind us. We turned our heads slowly and saw that it was Infadoos.

"Infadoos! Infadoos! How glad I am to see you!" exclaimed Sir Henry.

"Oh, my lords, my lords!" said Infadoos. "You've come back from the dead!"

The old general threw himself down before us, and clasping Sir Henry's knees, he wept aloud for joy.

Chapter 19

Ignosi's Farewell

쿼터메인 일행은 각자 다이아몬드를 두둑하게 챙겨
솔로몬 왕의 보물창고를 무사히 빠져나오고
이그노시와 아쉬운 작별을 한 뒤 귀로에 오른다.

Needless to say, we never went back into Solomon's treasure chamber. We were sure we'd never be able to find the switch that operates* the stone mechanism.* Besides, even if we had managed to lift

---

operate 작동시키다 **mechanism** 기계 장치

the stone, I doubt any of us would have had the courage to step over Gagool's mangled* remains and see Foulata's decaying* corpse, even in the sure hope of unlimited* diamonds.

When we had recovered from our ordeal* inside Solomon's treasure chamber, we went to tell Ignosi of our intention to leave Kukuanaland.

"Ignosi, the time has come for us to bid you farewell, and go to see our own land once more," I said. "You came here with us as a servant, and now we leave you a mighty King. If you are grateful to us, promise us one thing: to rule justly, to respect the law, and not to kill anyone without a cause. I hope you and your people will prosper.* Tomorrow, at the break of day,* will you give us an escort* who shall lead us across the mountains?"

Ignosi covered his face with his hands

for a while before answering.

"My heart is sore,* " he said at last. "But I do understand that you must go back to your land, as I have come back to mine. You have been good to me, my white friends. And remember, the gates of Loo will always be open for you. Go now, before my eyes rain tears like a woman's. Farewell forever, my lords and my friends."

Ignosi looked earnestly at us for a few seconds. Then he turned away from us, so as to hide his face.

We left his hut in silence.

We left Loo early next morning, escorted by our heartbroken* friend Infadoos and the Buffaloes. The main street of the town was lined with*

---

mangled 토막 난, 심하게 훼손된   **decaying** 썩는, 부식하는   **unlimited** 무한정의   **ordeal** 시련, 고난   **prosper** 번영하다, 성공하다   **at the break of day** 새벽녘에   **escort** 호위자, 호송대   **sore** 아픈, 쓰라린   **heartbroken** 비탄에 잠긴, 애끓는   **be lined with** ~이 늘어서다, 줄지어 있다

multitudes of* people. They gave us the royal salute as we passed at the head of the regiment. The women blessed us for having rid* the land of Twala, throwing flowers before us as we went.

As we traveled, Infadoos told us that there was a place where it was possible to climb down the wall of cliff* which separates* Kukuanaland from the desert. We were also told that, more than two years before, a party of Kukuana hunters had descended this path into the desert in search of ostriches. He added that, in the course of their hunt, they had discovered a large and fertile oasis. It was by way of this oasis that Infadoos suggested we should return. This idea seemed to us a good one, as it would allow us to avoid* the rigors* of the mountain pass. Also, some of the hunters were there to guide us to the oasis.

On the night of the fourth day's journey,

we found ourselves once more on the crest* of the mountains that separate Kukuanaland from the desert.

At dawn on the following day, we were led to the edge of a chasm,* by which we were to descend to the plain some two thousand feet below.

Here we bade farewell to our dear friend Infadoos, who solemnly wished us luck. We were very sorry to part from him. Good was so moved that he gave him an eyeglass as a souvenir.* Infadoos was delighted, as the possession* of such an article* would increase his prestige* enormously.*

We shook hands with Infadoos and began our downward* climb. The climb

---

multitudes of 많은   rid 없애다, 제거하다   cliff 낭떠러지, 벼랑   separate 가르다, 분리하다   avoid 피하다, 비키다   rigors 혹독함, 호됨   crest 산마루   chasm 크게 갈라진 틈   souvenir 기념품   possession 소유, 입수   article 물건, 품목   prestige 위신, 명망   enormously 막대하게, 엄청나게   downward 아래쪽으로의

was very difficult, but somehow that evening we found ourselves at the bottom without accident.*

The next morning, we started on an arduous* trudge across the desert, having with us a good supply of water carried by our five guides. We camped that night in the open, marching again at dawn the next day.

By noon of the third day's journey, we could see the trees of the oasis. An hour after sundown, we were walking on grass and listening to the sound of running water.

Found

오아시스에서는 뜻밖의 만남이 이루어진다.
그토록 찾아 헤매던 헨리 경의 동생을 만난 것이다.
부자가 된 그들은 쿼터메인을 제외한 모두가 영국으로 돌아가고
얼마 후 쿼터메인에게 헨리 경의 편지가 도착한다.

And now we come to perhaps the strangest adventure that happened to us.

I was walking along quietly down the banks of the stream which runs from the oasis, when suddenly I stopped and

---

without accident 무사히, 아무 일 없이　**arduous** 고된, 힘든

rubbed my eyes.* There, less than twenty yards in front of me, was a cozy* hut.

"What can a hut be doing here?" I said to myself. Then suddenly the door of the hut opened, and there limped* out of it a white man clothed in skins, and with an enormous black beard.

"Look here," I said, signaling to Sir Henry and Good. "Is that a white man over there, or am I mad?"

Sir Henry looked, and Good looked, and then all of a sudden the white man with a black beard uttered a great cry and began hobbling toward us. When he came close, he fell down in a sort of faint.

Sir Henry rushed to his side.

"Good heavens!" he cried. "This is my brother George!"

At the sound of this disturbance,* another man, also clothed in skins, emerged from* the hut. He waved his gun as he ran toward us. On seeing me, he also gave a cry.

"Mr. Quatermain, don't you remember me?" he cried. "I'm Jim the hunter. I lost the note you gave me to give to the master, and we have been stuck here for nearly two years!" And the man fell at my feet, and rolled over and over, weeping for joy.

"You careless scoundrel!" I said, helping him back up.

Meanwhile, the man with the black beard had recovered and risen. He and Sir Henry were shaking hands each other without saying a word.

"My dear brother, I thought you were dead," said Sir Henry at last. "I traveled over Solomon's Mountains to find you. I had given up all hope of ever seeing you

---

rub one's eyes 눈을 비비다   **cozy** 아늑한, 편안한   **limp** 절뚝거리다
disturbance 소란, 소동   **emerge from** ~에서 나오다, 나타나다

again, and now I find you perched in the desert!

"I tried to cross Solomon's Mountains nearly two years ago," replied George Curtis hesitantly.* "But when I reached here, a rock fell on my leg and crushed it. I have been unable to move much."

Then I came up.

"How do you do, Mr. Neville?" I said. "Do you remember me?"

"Of course I remember," he said. "Isn't it Hunter Quatermain? And Good too? Please, Mr. Quatermain, call me George. You must know by now that Neville is not my real name. Hold on a minute, I am getting dizzy* again."

That evening, over the camp fire, George Curtis told us his story. It was almost as eventful* as our own. A little less than two years before, he had started from Sitanda's village to try to reach Suliman's

Mountains. As for the note I had sent him by Jim, it had been lost and Neville had never heard of it until that day. But, acting on the information he had received from the natives, he did not go to the Sheba's Breasts. Instead, he headed for the ladder-like descent* of the mountains down which we had just come. It was clearly a better route than that marked out in José Silvestre's ancient map. In the desert, he and Jim had suffered great hardships,* but finally they found this oasis, where a terrible accident happened to George Curtis.

On the day of their arrival he was sitting by the stream, and Jim was extracting* the honey from the nest of a stingless* bee on the top of a bank above him. In

---

hesitantly 주저하며 **dizzy** 현기증 나는, 어지러운 **eventful** 사건 많은, 다사한 **descent** 내리받이 길 **hardship** 곤란, 고충 **extract** 추출하다, 뽑아내다 **stingless** 침이 없는

doing so, he loosened a great rock, which fell directly onto George Curtis's right leg, crushing it into pieces. From that day, he had been so lame* that he found it impossible to move more than a few steps. In the end, he decided to take the chances of dying in the oasis instead of heading off into the desert where he was sure to die.

As for food, however, Neville and Jim got on* pretty well. They had a good supply of ammunition. And the oasis was frequented* by large quantities of game, which came in search of water. They shot these, or trapped them in pits. They used the flesh for food, and the hides* for clothing.

"We have lived here for nearly two years, hoping that some natives might come here to help us away," said George Curtis. "But none came. Only last night I told Jim that he should leave me, and try to reach Sitanda's village to get help. He was to go tomorrow, but I had little hope of ever seeing him again. And now you, of all the people in the world, came to my rescue.* I thought you had forgotten all about me long ago, and were living comfortably in England. I still cannot believe that you are here. This is the most wonderful thing that anyone has ever heard of."

Then Sir Henry told his brother the main facts of our adventures, staying up late into the night to do it.

"Good gracious!" said George Curtis when I showed him some of the diamonds. "Well, at least you have got something for your pains, besides my worthless* self."

---

lame 절름발이의, 불구의   **get on** 지내다, 살아가다   **frequent** 자주 가다, 뻔질나게 출입하다   **hide** 짐승의 가죽   **rescue** 구출, 구원   **worthless** 가치 없는, 보잘것없는

I told Sir Henry that it was our joint wish that his brother should be given a share of the diamonds. After all, he had suffered even more than us because of the diamonds. Sir Henry consented to this arrangement, but George Curtis did not know of it until sometime afterward.

Here, at this point, I think that I shall end my story. Our journey across the desert back to Sitanda's village was most arduous, especially as we had to support* George Curtis. His right leg was very weak indeed, and it continually* threw out splinters* of bone. But we did manage it somehow. To give its details would only be to reproduce* much of what happened to us on our first journey across the desert.

Six months from the date of our arrival at Sitanda's, where we found our guns and other goods quite safe. We were once more safe and sound at my little place on the Berea, near Durban, where I am now writing. Since then I have bid farewell to everyone who has accompanied me through the strangest trip I ever made.

P.S.—Just as I had written the last word, a Kafir came up, carrying a letter which he had brought from the post. It turned out to be from Sir Henry, and as it speaks for itself I give it in full.

October 1, 1884.
Brayley Hall, Yorkshire.
My Dear Quatermain,
I send you a line* to say that the three of us, George, Good, and myself, have arrived safely in England. We got off the boat at Southampton, and went up into town. You should have seen what a swell* Good turned out the very next day, beautifully

---

support 부축하다, 지탱해 주다 continually 계속해서, 줄곧 splinter 쪼개진 조각 reproduce 재현하다 line 짧은 편지 swell 멋쟁이, 명사; 매우 멋진

shaved, frock coat* fitting like a glove, brand-new* eyeglass, etc.*

Good and I had the diamonds valued, as we arranged. I am actually afraid to tell you what they have been valued at. It truly is enormous. They say that of course it is more or less* guesswork,* as such stones have never been put on the market in anything like such quantities. It appears that they are of the finest quality, and equal in every way to the best Brazilian stones. I asked them if they would buy them all in one go, but they said that it was beyond their power to do so. They recommended* that we sell them little by little,* over a period of many years, for fear that we might flood the market and drive down prices. They have offered, however, a hundred and eighty thousand pounds for a very small portion of them.

You must come home, Quatermain.

As for Good, he is no good. He spends too much of his time in shaving and adorning of his body. But I think he is still heartbroken over Foulata. He told me that since he came home, he hasn't seen a woman that even comes close to her in terms of* beauty and affection.*

I want you to come home, my dear old comrade, and buy a house near us. You have worked for long enough, and now you have lots of money! There is a place for sale quite close-by which would suit you admirably.* You have to come. The sooner the better; you can finish writing the story of our adventures once you are here.

We have refused to tell the story until it is written by you, for fear that we will not

---

frock coat 프로크코트 **brand-new** 최신식의 **etc.** 기타, ~ 등(et cetera) **more or less** 다소 **guesswork** 짐작, 추측 **recommend** 권하다, 추천하다 **little by little** 조금씩 **in terms of** ~에 관하여, ~의 점에서 보면 **affection** 애정, 호의 **admirably** 훌륭하게, 우수하게

be believed. If you leave as soon as you get this, you will reach here by Christmas, and I hope you will stay with me for that. Good is coming, and George; and so, by the way, is your boy Harry. I have had him down for a week's shooting, and we got on very well.

Goodbye, my friend. I know that you will come, even if it is only to see your son.

Your sincere friend,

Henry Curtis.

P.S.—The tusks of the great bull that killed poor Khiva have now been put up in the hall here, over the pair of buffalo horns you gave me. They look magnificent. And the axe I used to chop off Twala's head is fixed above my writing-table. I wish that we could have managed to bring back the shirts of chain armor.

H.C.

Today is Tuesday. There is a steamer* for England that leaves on Friday. I really think that I must take Curtis at his word, and sail by her for England, even if it is only to see you, Harry, my boy.

ALLAN QUATERMAIN.

---

steamer 기선

전문번역

헨리 커티스 경을 만나다

p.12 나는 쉰다섯 살이나 되었으므로 역사를 기록하기 위해 애쓸 요량으로 펜을 드는 나 자신을 발견해야 한다는 것은 이상하다. 만약 내가 정말로 그 모험의 끝까지 가게 된다고 하면 내가 그 모험을 기록하는 일을 끝냈을 때 그것이 어떤 종류의 역사가 될지 나는 궁금하다.

아마도 내가 아주 어린 나이에 일을 하기 시작했기 때문에 나는 한평생 많은 일들을 해 오던 터였다. p.13 다른 소년들은 학교에 다니는 나이에, 나는 장사꾼으로서 생계를 꾸리고 있었다. 그 이후로 나는 계속해서 장사를 하고, 사냥을 하고, 전쟁에 참가하고, 그리고 광산에서 일을 하기도 했다. 그런데도 내가 큰 재산을 번 것은 불과 8개월 전이었다. 그것은 엄청난 재산이지만, 그 재산을 벌려고 내가 지난 15개월 내지 16개월을 겪을 것 같지는 않다. 나는 이제 모험이라면 거의 넌더리가 난다.

내가 왜 이 책을 쓰려고 하는지 의아한 생각이 든다. 그 일은 내가 일반적으로 하곤 했던 일이 아니다. 내가 이 이야기를 쓰는 데 어떤 이유가 있는지 알아보기로 하자.

첫 번째 이유: 헨리 커티스 경과 존 굿 대령이 나에게 이 이야기를 써 보라고 부탁했다.

두 번째 이유: 나는 사자에게 습격을 당한 이래로 이곳 더반에 앓아누워 있다. 사자의 이빨에는 독이 있는 것이 분명한데, 나의 상처들이 치유가 됐는가 싶으면 그때마다 다시 도지기 때문이다. p.14 나는 살면서 65마리의 사자를 총으로 쏘아 죽였는데, 그 후 66번째 사자가 와서 내 다리를 담배처럼 씹어 놓았기 때문에 지금 나에게 난 상처는 특히 짜증이 난다.

세 번째 이유: 나는 의사가 되기 위하여 런던에서 공부하고 있는 내 아들 해리가 일주일 정도만이라도 그 아이를 기분 좋게 해 줄 무언가를 갖게 되고 그 아이가 힘든 일에서 벗어나 있기를 바란다.

네 번째이자 마지막 이유: 이것은 내가 기억하는 가장 이상한 이야기이다. 특히 파울라타를 제외하고 그 이야기 속에 여자가 한 명도 없다는 것을 고려하면, 이 이야기는 말하기에 이상한 것으로 보일지도 모르겠다. 뭐, 가굴도 있기는 하지만, 그녀는 여자가 아니라 악귀이다.

이제 이야기를 시작하겠다.

나, 나탈 더반 태생의 신사 앨런 쿼터메인은 맹세하고 말한다. (그것이 내가 가엾은 키바와 벤트푀겔의 죽음에 대하여 치안 판사 앞에서 진술 녹취록 작업을 시작한 방식이다.) p.15 그러나 이 책을, 혹은 어떤 책이라도 그러한 방식으로 시작하는 것이 아주 적합한 방식인 것 같지는 않다. 게다가 내가 진정으로 신사일까? 글쎄, 분명 신사로 태어나기는 했지만, 나는 한평생 가난한 떠돌이 장사꾼이자 사냥꾼에 지나지 않았다.

나는 살면서 많은 사람을 죽였지만, 죄 없는 사람들을 죽인 적은 없다. 나는 정당방위로만 살인을 했다. 세상은 잔인하고 사악한 곳이며, 나는 소심한 사람에게 어울리는 수많은 싸움에 휘말려 왔다. 모든 싸움이 이치에 정당화되는 것인지는 모르겠지만, 아무튼 나는 어떤 것도 훔친 적이 없다. 하지만 어떤 카피어 인을 속여 소매를 빼앗은 적은 한 번 있다.

p.16 내가 처음 헨리 커티스 경과 굿 대령을 만난 것은 18개월 전쯤이었다. 나는 바망와토 너머에서 코끼리 사냥을 하는 중이었고, 불운과 마주친 상태였다. 그 여행 중에는 모든 것이 잘 풀리지 않은 터였고, 나는 심지어 몹쓸 열병에도 걸려 있었다. 걸을 수 있을 만큼 충분히 몸 상태가 좋아졌을 때, 나는 다이아몬드 평야로 가서 내가 가지고 있는 모든 상아를 팔았다. 또한 나의 짐마차와 황소들을 팔았고, 내가 고용했던 사냥꾼들을 해고했으며, 케이프타운으로 가는 작은 마차를 탔다. 그곳에서 일주일을 보낸 후, 나는 덩켈드 호를 타고 나탈로 돌아가기로 결정했다. 그런 다음 나는 부두에서 배를 기다렸는데, 그 배는 영국에서 오고 있는 중이었다. 오후가 거의 다 지나갈 무렵, 나는 침상을 잡고 승선을 했으며, 우리는 그날 밤 출항했다.

배에 탄 여객들 중에는 나의 호기심을 자극하는 두 사람이 있었다. 한 사람은 약 서른 살 정도의 신사였다. p.17 그는 내가 여태껏 본 중에서 가장 넓은 가슴과 가장 긴 팔을 가지고 있었다. 그는 금발 머리에 노란색의 숱 많은 턱수염과 크고 움푹 들어간 회색 눈을 가지고 있었다. 나는 그때까지 더 잘생긴 사람을 본 적이 없었다. 어찌된 연유에서인지 그는 나에게 고대 덴마크 사람을 떠올리게 했다. 참 이상하게도, 나는 나중에 이름이 헨리 커티스 경인 그 덩치 큰 사람이 실제로 덴마크 혈통이라는 것을 알아냈다. 그는 또한 나에게 다른 누구인가를 강렬하게 떠올리게 했지만, 당시에 나는 그 사람이 누구인지 기억해 낼 수 없었다.

헨리 경에게 이야기하며 서 있는 다른 사람은 토실토실하고 거무스름했다. 나는 즉시 그가 해군 장교임을 알았다. 나는 여객들의 명단을 조사했고 그 남자가 정말로 해군 장교임을 알아냈다. p.18 그의 이름은 굿, 그러니까 존 굿 대령이었다. 그는 무척 단정했고 아주 깨끗이 면도를 했으며, 오른쪽 눈에는 언제나 외알 안경을 쓰고 있었다. 그 외알 안경은 그의 얼굴에서 없어서는 안 될 일부분인 듯했으며, 그는 안경알을 닦을 때를 제외하고는 절대로 안경을 빼놓는 법이 없었다. 나중에 나는 그가 자러 갈 때면 그것을 자신의 틀니와 함께 바지 주머니에 넣어 둔다고 들었다.

항해에 나선 직후 저녁 무렵이 다 됐고 그와 함께 날씨가 몹시 나빠졌다. 덩켈드 호는 가볍고 바닥이 평평한 배여서 몹시 심하게 흔들렸다. 걸어서 돌아다니기가 꽤나 불가능해서 나는 따뜻한 엔진 근처에 머물렀다. 그곳에서 나는 진자를 지켜보며 나름 재미있게 시간을 보내고 있었는데, 그 진자는 배가 흔들릴 때 앞뒤로 천천히 휘리릭 휘리릭 움직였다.

"저 진자는 제대로 무게 중심이 맞추어져 있지 않군요." 갑자기 다소 퉁명스러운 목소리가 내 뒤에서 났다. p.19 주위를 둘러보니 내가 일찍이 주목했던 그 해군 장교가 보였다.

"왜 그렇게 생각하십니까?" 내가 물었다.

"왜 그렇게 생각하냐고요? 생각하고 말 것도 없습니다. 저곳을 좀 보십시오. 만약 배가 실제로 저 물건이 가리키는 정도로 흔들렸다면, 배는 곧바로 뒤집혔을 것입니다. 그뿐이에요."

바로 그때 저녁 식사 종이 울렸다. 굿 대령과 나는 함께 저녁 식사를 하러 내려갔다. 그곳에서 우리는 이미 자리를 잡고 앉아 있던 헨리 커티스 경을 만났다. 헨리 경과 굿 대령은 함께 나란히 앉았고, 나는 그들의 맞은편에 앉았다. 굿 대령과 나는 곧 총사냥 따위에 관해서 대화하기 시작했다. p.20 굿 대령은 나에게 많은 질문을 했는데, 그는 모든 것에 관해 무척 호기심이 많기 때문이었다. 굿 대령은 곧 코끼리에 관한 주제에 이르렀다.

"아, 선생, 그 문제라면 제대로 사람을 고르셨군요." 내 근처에 앉아 있던 누군가가 대화에 끼어들었다. "사냥꾼 쿼터메인 씨는 코끼리에 관해서라면 선생이 알고 싶어 하는 모든 것을 말해 드릴 수 있을 것입니다."

우리의 이야기를 조용히 듣고 있던 헨리 경이 약간 몸을 일으켜 세웠다.

"실례합니다, 선생." 헨리 경이 저음의 낮은 목소리로 말했다. "선생, 실례합니다만, 선생이 앨런 쿼터메인 씨입니까?"

"네, 그렇습니다." 내가 말했다.

그 거구의 사나이는 더 이상 나에게 아무 말도 하지 않았지만, 그가 턱수염 사이로 '운이 좋았군.'이라고 중얼거리는 소리를 나는 들었다.

곧 저녁 식사가 끝났다. 우리가 식당을 나서고 있을 때, 헨리 경이 슬렁슬렁 다가와 자기 선실에서 함께 담배를 피우지 않겠느냐고 나에게 물었다. p.21 나는 초대를 수락했고 헨리 경은 갑판 선실로 가는 길을 안내했는데, 그것은 아주 훌륭한 선실이었다. 선실 안에는 크고 편안한 소파가 있었고, 그 앞에는 작은 탁자가 있었다. 헨리 경은 객실 승무원에게 위스키 한 병을 가져다 달라고 요청했고, 우리 셋은 앉아서 담배 파이프에 불을 붙였다.

"쿼터메인 씨." 객실 승무원이 위스키를 가져오자 헨리 커티스 경이 말했다. "저는 2년 전 이맘때쯤 선생이 트랜스바알 북쪽으로 바망와토라고 불리던 곳에 계셨다고 생각합니다."

"그렇습니다." 이 신사가 내 과거의 행적을 알고 있다는 것에 상당히 놀라며 내가 대답했다.

"선생은 그곳에서 장사를 하고 계셨어요, 맞나요?" 굿 대령이 말했다.

p.22 "그랬습니다."

헨리 경은 내 건너편 마데이라 의자에 앉아 탁자에 팔을 기대고 있었다. 헨리 경은 이제 커다란 회색 눈을 완전히 내 얼굴에 고정한 채 나를 올려다보았다.

"그곳에 계시는 동안 네빌이라고 불리는 남자를 우연히 만나셨죠?"

"오, 맞아요. 그는 자기 황소들을 쉬게 하려고 약 2주 동안 그곳에 있었습니다. 저는 몇 달 전에 어떤 변호사로부터 그가 어떻게 되었는지를 알고 있냐고 묻는 편지를 받았습니다."

"네, 그리고 선생의 답장은 저에게 발송되었지요." 헨리 경이 말했다. "그 편지에서 선생은 네빌이 5월 초순에 마부, 수색꾼, 그리고 짐이라고 불리는 카피어 인 사냥꾼과 함께 마차를 타고 바망와토를 떠났다고 하셨지요. 선생은 네빌이 마타벨레 지방의 최극단 거래소인 인야티까지 도보 여행하려는 그의 의도를 알렸다고 하셨고요. 또한 네빌이 그 마차를 판 것이 분명한데, 6개월 후 선생이 그 마차가 인야티에서 어느 백인으로부터 그것을 구입했다고 선생에게 말해 준 한 포르투갈 인의 소유가 되어 있는 것을 보았기 때문이라고 하셨지요."

p.23 "그렇습니다."

잠깐 동안 대화가 끊겼다.

"쿼터메인 씨." 헨리 경이 마침내 말했다. "저는 선생에게 어떤 이야기를 해 드리고 그런 다음 조언을 구하려고 합니다. 심지어 선생의 도움을 청할지도 모릅니다. 저는 선생이 나탈에서 잘 알려져 있고 널리 높은 평가를 받고 계시며, 특히 분별력으로 명성을 떨치고 계시기 때문에 선생을 믿어도 된다고 들었습니다."

나는 혼란스러운 마음을 감추려고 머리를 숙이고 위스키를 좀 마셨다.

"네빌은 제 동생입니다." 헨리 경이 말을 이었다.

p.24 "오." 헨리 경을 처음 보았을 때 그가 나에게 누구를 떠올리게 했는지를 깨닫고 내가 말했다.

"네빌은 저의 하나뿐인 동생이지요." 헨리 경이 말을 계속 이어갔다. "저희는 사이가 좋았어요. 5년 전에 큰 말다툼을 하기 전까지요. 저는 화가 나서 동생에게 부당하게 처신했어요."

여기서 굿 대령이 격렬하게 고개를 끄덕였다.

"아마 알고 계시겠지만, 어떤 사람이 유언을 남기지 않고 죽고 토지 외에는 아무 재산도 없다면, 그 토지는 모두 맏아들에게 전해집니다." 헨리 경이 계속 말을 이어갔다. "마침 저희가 말다툼을 벌였던 그 당시에 저희 부친께서 유언 없이 돌아가시는 일이 생겼습니다. 그 결과 어떠한 직업 교육도 받지 않고 자랐던 제 동생에게는 한 푼도 남겨지지 않았어요. 그 당시 말다툼으로 몹시 기분이 언짢은 차여서 저는 동생에게 아무것도 주지 않았습니다. p.25 제 동생은 그 당시 몇 백 파운드를 가지고 있었지요. 저에게 아무 말도 하지 않고 동생은 이 돈을 인출했고, 네빌이라는 이름을 정해서는 큰돈을 벌어 보겠다는 무모한 희망을 품고 남아프리카로 떠났습니다. 그것이 3년 전이었고, 저는 여전히 동생에 관한 아무런 소식도 듣지 못하고 있습니다. 제게 있는 유일한 친족인 제 동생 조지가 무사하다는 것을 알기 위해서라면 제 재산의 절반이라도 내놓겠습니다."

"하지만 자네는 결코 어떤 소식도 들을 수가 없었지, 커티스." 거구의 남자의 얼굴을 슬쩍 보며 굿 대령이 말했다.

"저기, 쿼터메인 씨, 시간이 지나면서 저는 점점 더 제 동생이 살아 있는지 죽었는지 알아내고 동생을 다시 집으로 데려오고 싶다는 마음이 간절해졌습니다. p.26 저는 조사를 시작했고, 선생의 편지가 그 결과들 중 하나입니다. 요약하자면, 저는 제가 직접 나서서 동생을 찾기로 마음먹었고, 제 친구인 굿 대령께서는 저와 동행해 주실 만큼 마음이 좋으시죠."

"그렇습니다." 굿 대령이 말했다. "그러면 이제 선생, 네빌이라고 불리는 신사에 관해 선생이 알고 계시거나 들으신 것을 저희에게 말씀해 주실 수 있으시지요?"

솔로몬 왕의 광산의 전설

p.27 "바망와토에서 제 동생의 여행에 대해 무엇을 들으셨습니까?" 헨리 경이 물었다.

"선생 동생은 솔로몬 왕의 광산을 찾으러 떠날 거라고 들었습니다." 내가 대답했다.

"솔로몬 왕의 광산이요?" 두 사람 모두 동시에 말했다. p.28 "그것들이 어디에 있습니까?"

"저는 모릅니다." 내가 말했다. "저는 그저 그 광산이 어디에 있을 거라고 사람들이 말하는 것을 알고 있을 뿐입니다. 저는 한 번 그 광산의 경계선을 이루는 산봉우리들을 본 적이 있습니다만, 저와 그 산봉우리들 사이에는 130마일에 달하는 사막이 있었지요. 한 사람을 제외하면 그 어떤 백인도 그 사막을 횡단한 적이 없지요. 제가 할 수 있는 최선은 제가 아는 대로 솔로몬 왕의 광산에 관한 전설을 말씀드리는 것입니다. 하지만 제 허락 없이는 제가 두 분께 이제 말씀드리려고 하는 것을 누구에게도 말씀하시지 않겠다고 약속하셔야 합니다. 제게 그것을 약속해 주실 수 있습니까? 제가 요구하는 데에는 타당한 이유가 있습니다."

두 사람 다 고개를 끄덕였다.

"저기, 일반적으로 말씀드리면 코끼리 사냥꾼들은 난폭한 사람들의 무리입니다." 내가 말했다. "하지만 때로는 원주민들로부터 전해 내려온 이야기들을 수집하고, 이 암흑의 땅의 역사의 작은 일부분이라도 이해하려고 애쓰는 코끼리 사냥꾼을 우연히 만납니다. p.29 저는 30년쯤 전에 그러한 사람으로부터 맨 처음 솔로몬 왕의 광산의 전설을 들었지요. 저는 마탈레베 지방에서 저의 첫 번째 코끼리 사냥을 하고 있었습니다. 그 남자의 이름은 에반스였고, 그 이듬해에 죽었어요. 어느 날 밤, 저는 오늘날의 트랜스바알 린덴버그 지역에서 얼룩영양과 일런드영양들을 사냥하는 동안 제가 발견한 몇몇 근사한 작업 장소들을 그에게 말해 주고 있었습니다. 그때 에반스가 제 이야기를 가로막더니 성경에 나오는 오빌이라고 생각한다는, 훨씬 더 내륙에 있는 지역에서 그가 발견한 것, 즉 어느 황폐한 도시 이야기를 제게 해 주었습니다. '아.' 에반스가 말했습니다. '만약 솔로몬 왕이 정말로 자신의 광산을, 자신의 다이아몬드 광산을 가지고 있었다면, 그 보물들이 그곳에 있을 거야. 그곳에 있는 산들이 슐리만 산맥이라고 불리는 것이 단순한 우연일 리는 없어!'

p.30 다이아몬드 평야는 그때에는 발견되지 않았기 때문에 당시에 저는 이 이야기에 웃음을 터트렸죠. 그러고 나서 가엾은 에반스는 길을 떠나 죽음을 맞았으며, 20년 동안 저는 그 문제를 더 이상 생각도 하지 않았습니다. 하지만 20년 후, 저는 시탄다 마을이라고 불리는 곳에 있는 마니카 지역 너머에 있었습니다. 저는 지독한 열병을 앓다가 막 건강을 회복한 상태였고, 한 남자가 양손과 무릎으로 우리의 야영지를 향해 기어오는 것을 보았을 때는 사막 너머로 해가 지는 것을 지켜보고 있었습니다. 곤경에 처한 사람임이 분명하다는 것을 알고 저는 그를 도와주려고 제 하인들 중 한 명을 보냈습니다. 그 남자는 호세 실베스트레라는 이름의 포르투갈 인 사냥꾼으로 밝혀졌지요. 그는 뼈만 앙상했지요. 저는 그에게 물을 조금 주었고, 그는 그것을 단숨에 벌컥벌컥 들이키더군요. 그런 다음 열병이 그의 발목을 붙잡았지요. 그는 땅에 쓰러졌고 슐리만 산맥, 다이아몬드, 그리고 사막에 대해 횡설수설 떠들기 시작했습니다. p.31 저는 그를 텐트 안으로 옮겼고 제가 그를 위해 해 줄 수 있는 일을 해 주었습니다만, 저는 그가 머지않아 죽을 것임을 알고 있었습니다. 그날 밤 세상을 떠나기 직전에 그는 저에게 서툰 글씨로 뭔가 적혀 있는 찢어진 노란 리넨 조각을 주었습니다. 이 누더기 조각 안에는 종잇조각이 들어 있었죠. 그는 저에게 그것이 자기 집안에 전해져 내려오는 것이라고 말했고, 그것이 저를 세상에서 가장 부유한 사람으로 만들어 줄 것이라고 했습니다."

"그 문서에는 무엇이 있었나요?" 굿 대령이 물었다.

"그것은 지도였습니다. 저는 그 지도의 복사본을 제 수첩 안에 넣어 가지고 있지요. 여기 있어요."

잉크 대신 자신의 피로 어느 죽어가는 남자가 손으로 그린 지도의 복사본을 내가 보여 주었을 때, 경악으로 인한 침묵이 이어졌다.

p.32 "그리고 선생의 동생에 관해 말하자면, 저는 그와 함께 있던 짐이라는 사람을 알고 있었어요." 나는 계속해서 말을 이어갔다. "네빌 씨가 떠나려고 한 그날 아침, 저는 짐이 제 마차 옆에 서서 담배를 썰고 있는 것을

보았습니다.

'짐, 이 여행에서 자네는 무엇을 찾으려고 하는 건가?' 제가 물었습니다. '코끼리인가?'

'아닙니다.' 짐이 대답했습니다. '저희는 상아보다 훨씬 더 가치 있는 무언가를 찾고 있습니다.'

'금인가?'

'아닙니다, 나리, 우리는 다이아몬드를 찾을 겁니다. 슐리만 산맥과 그곳에 있는 다이아몬드에 대해 들어 보신 적이 있으십니까?'

'그 허황된 이야기를 들어 본 적이 있기는 하네, 짐.'

'허황된 이야기가 아닙니다, 나리.'

'네 주인이 슐리만 지역에 도달하고자 한다면 그는 독수리의 먹이가 되고 말 거야, 짐.' 제가 말했습니다.

짐은 싱긋 웃었지요. '그럴지도 모릅니다, 나리. 하지만 저는 제 힘으로 직접 새로운 지역을 한 번 찾아보고 싶어요.'

p.33 '그러면 짐, 이 쪽지를 네 주인에게 가져다 드리되, 인야티에 도착하기 전에는 네 주인한테 주지 않겠다고 약속해 주겠어?' 제가 말했지요. 인야티는 몇 백 마일 떨어져 있었어요.

'네, 나리.'

그래서 저는 종잇조각 하나를 가져와서 그 위에 '솔로몬 왕의 광산을 찾아 온 사람은 눈 덮인 시바 여왕의 왼쪽 가슴을 올라 봉우리에 도달하게 하라. 그곳의 북쪽에 솔로몬 왕의 대로가 있다.'라고 썼습니다. 이것들은 제가 호세 실베스트레에게서 받은 지도에 있는 실마리였지요.

짐은 그 쪽지를 가져갔고 저는 네빌의 마차가 30분 후에 떠나는 것을 보았습니다. 그것이 선생 동생에 대해 제가 알고 있는 전부입니다, 헨리 경."

"쿼터메인 씨, 저는 제 동생을 찾으러 갈 것입니다." 헨리 경이 말했다. "저와 함께 가시겠습니까?"

p.34 "아니, 사양합니다, 헨리 경." 내가 대답했다. "저는 너무 나이가 많습니다. 게다가 우리는 저의 불쌍한 친구 실베스트레와 같은 운명을 맞이하고 말 것입니다. 또한 저에게는 제게 의지하는 아들이 있답니다."

헨리 경과 굿 대령 두 사람 다 낙담한 것처럼 보였다.

"쿼터메인 씨, 선생의 도움에 대해서는 어떤 값이든 사례하겠습니다." 헨리 경이 말했다. "저의 좋은 친구이신 굿 대령 역시 후하게 보상을 받으실 겁니다. 또한 만일 어떤 불행한 일이 우리 혹은 선생에게 일어날 경우 선생의 아드님이 보살핌을 잘 받을 수 있도록 준비해 둘 것입니다. 그리고 물론 제가 모든 여행 경비를 지불할 것입니다."

"헨리 경, 저는 생각해 볼 시간이 좀 필요합니다." 내가 말했다. "우리가 더반에 도착하기 전에 대답을 드리겠습니다."

"잘 알겠습니다." 헨리 경이 말했다.

그런 다음 나는 인사를 하고 잠자리에 들었다.

움보파, 우리에게 고용되다

p.35 케이프타운에서 더반까지 가는 데에는 닷새가 걸렸다.

"저, 쿼터메인 씨." 배를 항구로 댈 때 헨리 경이 말했다. 우리는 갑판에서 파이프 담배를 피웠다. "저의 제안에 대해서는 생각해 보고 계십니까?"

p.36 "네." 내가 말했다. "가겠습니다. 선생께 이유를 말씀드리지요. 그리고 조건에 대해서도요. 먼저 저는 다음 조항들을 요구합니다.

첫째, 선생이 모든 비용을 지불하고, 우리가 얻을지도 모르는 상아와 다른 값나가는 것들은 무엇이든 굿 대령과 저, 둘이 나누어 갖게 해 주십시오.

둘째, 우리가 출발하기 전에 제 용역 값으로 500파운드를 주십시오. 선생이 이 모험적인 일을 포기하는 것을 선택할 때까지, 혹은 성공할 때까지, 혹은 우리가 죽을 때까지 저는 당신을 충실히 모실 것입니다.

셋째, 우리가 떠나기 전에, 제가 죽거나 불구가 되는 경우 런던에서 의학을 공부하고 있는 제 아들 해리에게 5년 동안 매년 총 200파운드를 지불하겠다는 것에 동의하는 각서를 공증해 주십시오."

"선생께서 말씀하신 항목을 기꺼이 수용하겠습니다." 헨리 경이 말했다.

"그러면 제 조건이 관철되었으니까 제가 가기로 마음먹은 이유를 말씀드리지요." 내가 말했다. p.37 "무엇보다도 우선 신사 분들, 저는 지난 며칠 동안 두 분을 다 관찰해 왔습니다. 저는 두 분이 마음에 들며 우리가 함께 일을 잘 할 것이라고 생각합니다. 이처럼 긴 여행에서는 그것이 중요합니다."

그날 늦게 우리는 육지에 올라왔고, 헨리 경과 굿 대령을 내가 내 집이라고 부르는, 베리아에 지은 작은 오두막에 묵게 해 주었다. 나는 마차와 1년에서 2년 간 눈독을 들여온 스무 마리의 멋진 줄루 황소들을 구입했다. 그런 다음 어느 정도는 의사나 마찬가지라고 밝혀진 굿 대령의 도움을 받아 식량과 약을 샀다.

p.38 고려할 사항으로 두 가지의 훨씬 더 중요한 문제, 즉 무기에 관한 문제와 하인에 관한 문제가 남았다. 무기에 관해 말하자면, 헨리 경이 영국에서 가져온 엄청난 소장품과 내 자신의 소장품이면 충분하고도 남았다.

그런데 우리와 함께 하게 될 사람들은 어떡해야 하나? 많은 협의를 한 후에, 우리는 그들의 수가 다섯, 즉 마부, 길잡이, 그리고 세 명의 하인으로 제한되어야 한다고 결정했다.

나는 마부와 길잡이를 쉽게 구했는데, 그들은 각각 고자와 톰이라는 이름의 두 명의 줄루족이었다. 하지만 하인들을 찾는 것은 보다 어려운 문제로 입증되었다. 마침내 나는 두 사람을 찾았는데, 한 명은 벤트푀겔이라는 이름의 호텐토트족 한 명이고 다른 한 명은 영어를 완벽하게 할 수 있는 키바라는 이름의 몸집이 작은 줄루족 한 명이었다. 벤트푀겔은 내가 전에 같이 일한 적이 있었는데, 그는 가장 완벽한 사냥감 추적자들 중 한 명이었다. 그의 유일한 약점은 그가 지나치게 많이 술을 좋아한다는 것이었다.

p.39 출발 전날 밤, 키바는 어떤 남자가 나를 만나려고 기다리고 있다고 말했다. 얼마 안 있어 서른 살쯤 되어 보이는 키가 크고 잘생긴, 그리고 줄루족치고는 아주 밝은 피부색의 남자가 들어왔다. 그는 경례하는 방식으로 자신의 곤봉을 들었고 구석에 조용히 엉덩이를 붙이고 쪼그려 앉았다. 나는 그가 머리에 검은색 고리를 쓰고 있다는 것을 알아차렸는데, 그것은 대개 줄루족들에게 있어 특정한 나이 혹은 권위를 얻고 있다는 것을 추측할 수 있는 것이다. 또한 나는 그의 얼굴이 나에게 낯이 익다는 것을 알아챘다.

"자네 이름이 무엇인가?" 마침내 내가 물었다.

"움보파입니다." 그가 저음의 느릿느릿한 목소리로 대답했다.

p.40 "나는 자네를 전에 본 적이 있어."

"그렇습니다. 전쟁 전날에 리틀 핸드라는 곳에서 나리가 제 얼굴을 보셨지요."

나는 기억했다. 나는 줄루족의 전쟁 기간 중 첼름스포드 경의 길잡이들 중 한 명이었다. 그곳은 원주민 원군들 사이에서 얼마간의 지휘권을 가지고 있던 이 남자와 대화를 하게 된 곳이다.

"기억나는군." 내가 말했다. "무엇을 원하나?"

"제가 듣기로는 나리가 북쪽으로 멀리 대대적인 원정을 가신다고 하더군요." 그가 말했다. "그것이 사실입니까?"

"그렇다네."

"나리가 루캉가 강을 지나 마니카 지역 너머로 한 달간의 여행을 가신다는 말이 들리더군요. 이 또한 사실입니까, 나리?"

"왜 묻는 거지?" 내가 의혹을 품은 채 대답했다. "그게 자네에게 무슨 의미라도 있나?"

"정말로 그렇게 멀리까지 여행하신다면 나리와 함께 여행을 가고 싶기 때문입니다."

p.41 "자네는 누구인가?" 내가 물었다.

"제 이름은 움보파입니다. 제 부족은 북쪽 끝단에 있습니다. 줄루족이 천 년 전에 이곳으로 내려왔을 때 제 부족은 뒤에 남겨졌지요. 저는 집이 없습니다. 수년 동안 이곳저곳을 떠돌아다녔어요. 저는 은코마바코시 부대에서 세티와요의 부하로 있었습니다. 그 후에 저는 백인의 풍습을 알고 싶어서 도망쳐서 나탈에 왔습니다. 그때 이후로 저는 나탈에서 일을 해 오고 있지요. 이제 저는 지쳤고, 다시 북쪽으로 돌아가고 싶습니다. 이곳은 제 집이 아닙니다. 저는 돈은 원하지 않지만, 용감한 사람이며, 제가 먹고 자는 값만큼은 합니다."

아무튼 그는 평범한 줄루족과는 달라 보였고, 나는 급료 없이 가겠다는 그의 제안을 오히려 불신했다. p.42 나는 그의 말을 헨리 경과 굿 대령에게 통역했으며, 그들의 의견을 구했다.

헨리 경은 내게 움보파를 일어서 보게 해 달라고 말했다. 움보파는 그렇게 했다. 움보파는 장대해 보이는 사람이었다. 움보파는 키가 약 6.3피트였고 넓은 어깨를 가지고 있었다. 헨리 경은 움보파에게 다가가서 그의 당당하고 잘생긴 얼굴을 들여다보았다.

"두 사람은 멋진 한 쌍이군요, 그렇지 않나요?" 굿 대령이 말했다. "덩치도 비슷하고 말입니다."

"나는 당신의 생김새가 마음에 듭니다, 움보파 씨," 그리고 당신을 내 하인으로 삼겠습니다." 헨리 경이 영어로 말했다.

"잘됐습니다." 움보파가 줄루어로 대답했다. 움보파는 분명히 헨리 경의 말을 이해했다. 그런 다음 움보파는 그 백인의 큰 키를 슬쩍 보았다. "우리는 남자들입니다, 나리와 저는요." 움보파가 덧붙여 말했다.

코끼리 사냥

p.43 우리는 1월 말에 더반을 떠났고, 루캉가 강과 칼루크웨 강이 만나는 곳 근처인 시탄다 마을 부근에서 야영을 한 것은 5월 둘째 주였다. p.44 우리는 오는 도중에 많은 모험을 했지만, 한 가지 모험만 주목할 만하다.

위대하고 잔인한 악당인 로벤굴라가 왕으로 있는 마타벨레 지역에 있는 거래소인 인야티에서 우리는 우리의 편안한 마차와 작별했다. 이 무렵에 내가 더반에서 샀던 멋진 스무 마리의 황소들 중에서는 단지 열두 마리의 황소만 남아 있었다.

우리는 마차와 황소들을 우리의 마부와 길잡이인 고자와 톰의 직접적인 책임 하에 맡겨 두었다. 그런 다음 움보파, 키바, 벤트푀겔, 그리고 우리가 즉석에서 고용한 여섯 명의 짐꾼들을 동행으로 삼아 도보로 우리의 힘겨운 탐색을 시작했다. 선두에서 행군하고 있던 움보파가 줄루족의 노래를 갑자기 부르기 시작하기 전까지 우리는 한동안 조용히 걸었다. 움보파는 명랑한 사람이었고, 모두 움보파를 아주 좋아하게 되었다.

인야티로부터 2주간 행군을 한 후에, 우리는 낯설기는 하지만 아름다운 삼림지를 만났다. p.45 신선한 노란색 열매가 잔뜩 열린 아름다운 마차벨 나무들이 많이 있었다. 이 나무는 코끼리들이 가장 좋아하는 먹이이다. 많은 곳에서 나무들이 부러져 있고 심지어는 뿌리째 뽑혀 있기까지 했으므로 코끼리들이 근처에 있는 것은 분명했다. 코끼리는 파괴적인 동물이다.

기나긴 하루 행군을 마친 어느 날 저녁, 우리는 키 큰 기린들의 무리와 우연히 마주쳤다. 기린들은 우리로부터 약 300야드 가량 떨어져 있었으므로 사실상 사정거리 밖에 있었다. 그러나 앞에서 걸어가고 있던 굿 대령이 자신의 총을 들어 올리고 맨 마지막에 있는 어린 암컷을 쏘았다. 웬일인지 굿 대령은 용케도 자신의 표적을 맞추었다. p.46 탄환은 척추 뼈를 산산이 부수었고, 그 기린은 토끼처럼 머리를 거꾸로 박고 데굴데굴 굴러갔다. 그 날부터 카피어 인들 사이에서는 명사수로서의 굿 대령의 평판이 수립되었다. 실제로는 굿 대령이 형편없는 사수였으나, 그가 사냥감을 놓칠 때마다 우리는 그 기린에게는 다행이라며 그것을 보고도 못 본 체했다.

몇몇 젊은이들에게 기린의 고기를 자르게 한 다음, 우리는 연못들 중 한 곳 근처에, 그 연못 오른쪽으로 한 100야드쯤 떨어진 곳에 오두막을 짓는 일을 하러 갔다. 오두막이 완성되었을 무렵 달이 떴고, 우리의 기린 스테이크와 골수가 들어 있는 구운 뼈들로 저녁 식사가 준비되었다. 우리는 달빛을 받으며 간단한 식사를 했다.

식사 후에 우리는 담배를 피웠다. 짧은 반백 머리인 나와 금발의 헨리 경은 아주 대조적이었다. 또한 나는 마르고 키가 작고 거무스름하며 몸무게는 고작 9.5스톤인 반면에, 헨리 경은 키가 크고 몸집이 크고 잘생겼으며 몸무게는 15스톤이다. p.47 그러나 아마도 셋 중에 가장 호기심을 불러일으키게 생긴 사람은 존 굿 대령이었을 것이다. 그는 가죽 가방 위에 앉아 있었으며, 티끌 하나 없이 깨끗하고 깔끔해 보였으며 옷을 잘 차려입고 있었다. 굿 대령은 갈색 트위드 사냥복에 그와 어울리는 모자와 각반을 착용하고 있었다. 늘 그렇듯이 굿 대령은 꼼꼼하게 면도를 하고 있었고, 그의 외알 안경과 틀니는 완벽하게 정돈되어 있는 듯했다. 전체적으로 굿 대령은 내가 황야에서 함께 일해야 했던 사람들 중에서 가장 깔끔한 사람처럼 보였다.

아름다운 달빛을 받으며 우리 셋이 그곳에 앉아 이야기를 나누고 있을 때, 우리 뒤에 있는 덤불에서 갑자기 '뿌우, 뿌우' 하는 커다란 소리가 들렸다. p.48 그때 약 100야드쯤 떨어져 있는 연못으로부터 귀에 거슬리는 코끼리의 울부짖음이 들렸다.

"코끼리다! 코끼리야!" 카피어 인들이 속삭였다.

잠시 후, 우리는 연못 방향에서 덤불을 향해 거대한 어슴푸레한 형상들이 천천히 줄지어 이동하고 있는 것을 보았다.

자신의 총을 잡으며 굿 대령이 벌떡 일어났다. 굿 대령은 코끼리를 죽이는 것이 기린을 죽였던 것처럼 쉬울 것이라고 생각하는 듯했다. 나는 그의 팔을 잡았다.

"좋은 생각이 아닙니다." 내가 속삭였다. "가게 두세요."

"우리가 사냥감의 낙원에 있는 것 같군요." 헨리 경이 말했다. "하루나 이틀 이곳에 머물면서 코끼리들을 공격합시다."

나는 꽤 놀랐는데, 그때까지 헨리 경은 가능한 한 빨리 전진해야 한다고 항상 강조해 왔기 때문이었다. 나는 헨리 경의 사냥 본능이 그를 이겼다고 생각한다.

p.49 굿 대령은 그 생각을 듣고 벌떡 일어났는데, 그 코끼리들을 몹시 쏘고 싶어 죽을 지경이었기 때문이었다. 솔직히 말하자면 나 역시 그랬는

데, 그러한 코끼리 떼를 쏘지 않고 도망가게 둔다는 것은 나의 양심에 거리끼기 때문이었다.

"좋습니다." 내가 말했다. "우리는 약간의 기분전환거리가 필요합니다. 새벽 무렵에는 출발해야 하니까 지금은 잠자리에 듭시다. 아마도 코끼리들이 더 이동하기 전에 먹이를 먹는 코끼리들을 잡을 수 있을 것입니다."

모두가 막 잠이 들려고 할 찰나, 갑자기 연못 방향으로부터 난폭하게 격투를 벌이는 소리가 났다. 다음 순간 우리는 가장 무시무시한 포효 소리가 연속적으로 나는 것을 들었다. 오로지 사자만이 그러한 소리를 낼 수 있었다. p.50 우리는 모두 벌떡 일어나서 연못 쪽을 바라보았다. 그곳에서 우리는 색깔로는 노란색인지 검은색인지 식별할 수 없는 하나의 덩어리가 우리를 향해 비틀거리고 발버둥치는 것을 보았다. 우리는 소총을 잡고 장화를 신고 오두막 밖으로 달려 나갔다. 이때쯤 그 덩어리는 쓰러진 상태였고, 땅에서 이리저리 굴러다니고 있었다. 우리가 그 지점에 도착했을 때, 그것은 아주 조용했다.

이제 우리는 그것이 무엇인지 보았다. 풀밭 위에는 검은색 영양이 누워 있었다. 그것은 죽어 있었고, 거대한 사자 한 마리 역시 휘어진 뿔에 찔려서 그 뿔을 몸에 박은 채로 죽어 있었다. 사자는 분명히 영양이 연못에서 물을 마시는 동안 그것을 덮쳤으나, 휘어진 날카로운 뿔에 찔리고 말았다. 그러자 몸을 자유로이 움직일 수 없었던 사자는 영양의 등과 목을 물어뜯었고, 공포와 고통으로 미쳐 버린 영양이 쓰러져 죽을 때까지 돌진했던 것이었다.

p.51 우리는 가까스로 그 동물들의 사체를 오두막으로 끌고 왔다. 그 후에 우리는 들어가서 누웠고 새벽까지 잤다.

첫 동이 트자마자 우리는 일어나서 사냥을 준비하고 있었다. 신속한 아침 식사 후에 움보파, 키바, 그리고 벤트푀겔을 동행으로 삼아 우리는 출발했다. 우리는 사자와 검은 영양의 가죽을 벗기고 영양의 고기를 잘라 놓으라고 지시를 내리고 다른 카피어 인들을 떠났다.

우리는 넓게 나 있는 코끼리 흔적을 찾는 데 어려움을 겪지 않았는데, 벤트푀겔은 그 흔적이 스무 마리에서 서른 마리 사이의 코끼리들에 의해 만들어진 것이며 그 코끼리들의 대부분은 수컷이라고 추정했다. 10시가 조금 지난 후에, 우리는 코끼리 떼를 보았는데, 벤트푀겔이 말한 대로 그 수가 스무 마리에서 서른 마리 사이였다. p.52 코끼리들은 아침 식사를 마치고 움푹 꺼진 땅에 서서 커다란 귀를 펄럭거리고 있었다. 우리는 몰래 기어가서 용케도 그 거대한 짐승들로부터 약 40야드도 떨어지지 않은 이내 거리에 도달했다. 우리 바로 앞에는 세 마리의 멋진 수컷들이 서 있었고, 그들 중 한 마리는 거대한 엄니를 가지고 있었다. 나는 내가 가운데 놈을 잡겠다고 다른 사람들에게 신호했다. 헨리 경은 왼쪽에 있는 코끼리를, 그리고 굿 대령은 큰 엄니를 가진 수컷을 잡을 예정이었다.

"지금입니다." 내가 속삭였다.

탕! 탕! 탕! 세 자루의 무거운 소총 소리가 울렸고, 헨리 경의 코끼리가 심장에 정통으로 총알을 맞고 해머처럼 죽어 넘어졌다. 나의 코끼리는 죽기 전에 머리에 추가로 한 방을 더 맞아야 했다. 그 사이에 총알을 맞은 굿 대령의 코끼리는 몸을 돌려 미처 비킬 시간이 없었던 자신의 적을 향해 곧장 다가왔다. 그 수컷은 막무가내로 굿 대령을 지나쳐 우리의 야영지 방향으로 돌격했다. p.53 한편 코끼리 떼는 몹시 깜짝 놀라서 반대 방향으로 도망친 터였다.

우리는 커다란 엄니가 달려 있는 그 마지막 놈을 보았다고 생각했으므로 그 코끼리 떼를 따라가기로 결정했다. 코끼리들을 따라가는 것은 쉬운 일이었는데, 그들이 자기들 뒤로 마차가 다니는 길 같은 자국을 남겼기 때문이었다. 오후가 다 지나갈 무렵, 우리는 여덟 마리의 코끼리를 죽였다. 우리는 그날은 그것으로 끝내자고 결정했다.

카피어 인들은 저녁거리로 죽은 코끼리들 중 두 마리의 심장을 도려냈고, 우리는 잠시 휴식을 취했다. 그러고 나서 다음날 엄니를 잘라 내기 위해 짐꾼들을 보내기로 합의하고 귀로에 올랐다.

잠시 후 우리는 일런드영양 떼와 마주쳤다. p.54 우리는 많은 고기를 가지고 있어서 그들을 쏘지 않았다. 일런드영양들은 빠른 걸음으로 우리를 지나쳤고, 그런 다음 약 100야드 떨어져 있는 작은 덤불 뒤에서 멈춰 섰다. 일런드영양을 가까이에서 한 번도 본 적이 없는 굿 대령은 그들을 더 자세히 보기를 갈망했다. 굿 대령은 자신의 소총을 움보파에게 건네고 키바를 대동하여 덤불로 다가갔다. 우리는 앉아서 굿 대령을 기다렸다.

헨리 경과 내가 저무는 아름다운 해를 보며 감탄하고 있을 때, 갑자기 코끼리가 울부짖는 소리가 들렸다. 우리가 주위를 둘러보니 성난 코끼리가 우리를 향해 돌격하고 있는 것이 보였다. 다음 순간 우리는 굿 대령과 키바가 상처 입은 수컷 코끼리와 함께 우리를 향해 쏜살같이 달려 돌아오는 것을 보았다. 성난 수컷 코끼리는 실은 우리가 아니라 그들을 공격하고 있었다. 잠시 동안 우리는 그들 중 한 명을 맞출까 봐 두려워서 감히 총을 쏘지도 못했고, 그 다음에 무시무시한 일이 벌어졌다. 굿 대령이 자신의 품위 있는 옷에 대한 사랑의 희생양이 된 것이었다. 나머지 우리와 마찬가지로 자신의 바지와 각반을 포기하고 플란넬 셔츠와 가죽신을 신고 사냥을 하는 것에 동의했더라면 괜찮았을 것이었다. p.55 하지만 상황이 그러했기 때문에 굿 대령의 바지는 그렇게 도망치는 동안 그를 방해했다. 우리로부터 60야드 정도 떨어져 있을 때, 그의 부츠 한 짝이 스르륵 벗겨졌고, 굿 대령은 코끼리 바로 앞에서 엎어지고 말았다.

굿 대령이 죽을 것이라고 생각하고 우리는 숨을 헉 하고 멈추었다. 그리고 그를 향해 최대한 열심히 달렸다. 그러나 죽은 사람은 굿 대령이 아니었다. 자신의 주인의 생명이 위험에 처한 것을 본 줄루족 청년인 키바가 몸을 돌려 자신의 창을 코끼리의 얼굴에 똑바로 던졌다. 창은 코끼리의 코에 박혔다.

고통의 비명과 함께, 그 짐승은 가엾은 줄루족 청년을 붙잡아 땅으로 내동댕이쳤다. 그런 다음 거대한 발 하나를 키바의 몸 가운데 올려놓았으며, 코로 키바의 상체를 휘감아 그를 두 동강 내었다.

p.56 우리는 공포 때문에 제정신을 잃고 돌진했고, 코끼리가 줄루족 청년의 시체 위로 쓰러질 때까지 총을 연달아 발사했다.

굿 대령으로 말하자면, 그는 일어나서 자신을 구하려고 자신의 목숨을 내던진 용감한 청년을 끌어안았다. 움보파는 거대한 죽은 코끼리와 가엾은 키바를 바라보며 서 있었다.

"아, 이런." 마침내 움보파는 말했다. "키바는 죽기는 했어도 남자답게 죽었다!"

사막으로의 행군

p.57 우리는 아홉 마리의 코끼리를 죽였고, 우리가 엄니를 잘라내는 데에는 이틀이 꼬박 걸렸다. 우리는 그것들을 우리의 야영지로 가지고 돌아왔고 큰 나무 아래 모래 속에 조심스럽게 묻었다.

p.58 키바로 말하자면, 우리는 저승으로의 여행에서 그를 지켜 줄 창과 함께 개미핥기 구멍에 묻었다. 사흘째 되던 날, 우리는 우리가 묻어 놓

은 상아를 파내러 살아 돌아오기를 희망하며 다시 길을 나섰다.

길고 지루한 도보 여행 후에, 우리는 루캉가 강 근처의 시탄다 마을에 도착했다. 이곳이 우리의 탐험의 진정한 출발점이었다.

우리의 야영지 바로 아래에 있는 시탄다 마을에는 작은 시내가 흘렀고, 마을의 가장 바깥쪽에는 암벽 경사면이 있었다. 그곳이 20년 전에 내가 가엾은 실베스트레가 솔로몬 왕의 광산에 도달하려고 시도한 후에 기어서 돌아오는 것을 본 곳이었다. 그 경사면 너머로 물이 없는 사막이 시작되었다.

우리가 야영지를 만들었을 때는 저녁이었다. 우리의 작은 야영지가 준비되는 것을 지켜보라고 굿 대령을 남겨두고, 나는 헨리 경을 반대편 경사면 꼭대기로 데려갔다. p.59 우리는 슐리만 산맥에 있는 사막 너머를 바라보았다.

"솔로몬 왕의 광산 주위에는 장벽이 있습니다." 내가 말했다. "우리가 언젠가 그것을 오르게 될지는 오직 신만 알고 계십니다."

"내 동생은 저곳에 있고, 나는 아무튼 그에게 도달할 것입니다." 헨리 경이 조용하지만 자신감 있는 평소의 그의 말투로 말했다.

"저도 그러기를 바랍니다." 내가 야영지로 돌아가려고 몸을 돌리며 대답했을 때, 나는 우리 둘만 있는 것이 아님을 알았다. 우리 뒤로 산 쪽을 진지하게 뚫어져라 쳐다보며 움보파가 서 있었다.

"저곳이 우리가 갈 곳입니까, 나리?" 움보파가 자신의 창으로 산 쪽을 가리키며 헨리 경에게 말했다.

나는 움보파가 한 말을 통역했다. 나는 움보파가 무엇을 말하려고 하는지 알고 싶어 궁금증이 일었다.

p.60 "그래, 움보파." 헨리 경이 대답했다. "저곳이 우리가 가려는 곳이야. 나는 그곳에 내 동생이 있다고 믿기 때문에 그곳에 가려는 거야. 나는 동생을 찾으러 그곳에 갈 거라네."

"나리의 동생 분이 그곳에 계시군요. 제가 길에서 만난 어떤 사람이 저에게 말하기를 백인 한 명이 2년 전에 사냥꾼인 하인 한 명과 함께 저 산을 향해 사막으로 갔다고 하더군요. 그들이 돌아온 적은 없다고 그가 말했습니다."

"그것이 내 동생인지 어떻게 알지?" 헨리 경이 물었다.

"제가 그 백인이 어떻게 생겼는지 물었을 때, 그 남자는 그가 나리와 같은 눈과 검은 턱수염을 기르고 있었다고 하더군요. 또한 그 백인과 함께 있던 사냥꾼의 이름이 짐이었고 그가 베추아나족 출신의 사냥꾼이었다고 말해 주었습니다."

"그 사람은 짐이 맞아." 내가 말했다. "나는 그를 아주 잘 안다네."

"이것은 길고 위험한 여행이 될 것입니다, 나리." 움보파가 말했고, 나는 그의 말을 통역했다.

p.61 "그렇겠지." 헨리 경이 대답했다. "하지만 사람이 그 여행에 마음을 쏟는다면 이 땅에서 여행가지 못할 곳은 없어."

나는 통역했다. 움보파는 웃었다.

"제가 보니 우리는 아주 많이 닮은 것 같군요, 나리." 움보파가 말했다. "아마도 저는 저 산 너머에서 형제를 찾을 것입니다."

나는 의심스럽게 움보파를 바라보았다.

"무슨 뜻이지?" 내가 물었다. "저 산에 대해서 무엇을 알고 있나?"

"아주 조금 압니다. 저쪽에는 마법과 아름다운 것들이 가득한 이상한 땅이 있습니다. 용감한 사람들의, 나무와 시냇물과 눈 덮인 봉우리의, 그리고 거대한 하얀 길이 나 있는 땅이지요. 그것이 제가 들은 것입니다. 하지만 이야기해 봐야 무슨 소용이 있습니까? 날이 어두워지고 있군요. 그곳에 도착하는 사람들은 보게 될 텐데요."

또 다시 나는 의심스럽게 움보파를 바라보았다. 그 줄루족은 너무 많이 알고 있었다.

p.62 "저를 두려워하실 필요는 없습니다, 나리." 움보파가 말했다. "저는 나리를 배반할 음모를 꾸미고 있지는 않습니다. 만약 우리가 언젠가 해를 등지고 저 산을 가로질러 간다면, 제가 아는 것을 말씀드리지요. 하지만 죽음의 신이 저 위험한 산에 앉아 있습니다. 해야 할 현명한 일은 돌아가는 것일 테지요. 돌아가서 코끼리를 사냥하십시오, 나의 주인님들. 그것이 제가 말씀드릴 수 있는 전부입니다."

움보파는 인사로 창을 들어 올렸고 야영지로 걸어서 돌아갔다. 잠시 후 우리는 움보파가 여느 다른 카피어 인들과 마찬가지로 총을 청소하고 있는 것을 발견했다.

"저 친구는 이상한 친구로군요." 헨리 경이 말했다.

"네." 내가 말했다. "저 친구에 대해 마음에 들지 않는 구석이 있습니다. 저 친구는 뭔가 알고는 있지만 우리에게 말을 해 주지는 않을 것입니다. 뭐, 우리는 확실히 이상한 여행을 하게 될 상황이고, 수상한 줄루족 한 사람이 있다고 해서 어떤 식으로든 크게 달라질 것은 없을 것입니다."

다음날 우리는 앞으로 있을 여행을 위한 준비를 했다. p.63 물론 사막을 가로질러 무거운 코끼리용 사냥총과 다른 물건들을 끌고 가는 것은 불가능했다. 그래서 우리는 우리의 짐꾼들을 해고하고, 우리가 돌아올 때까지 우리의 장비를 맡아 줄 근처에 마을을 가지고 있는 나이 많은 원주민 한 명과 협정을 맺었다.

그런 다음 우리는 우리 다섯 사람, 그러니까 헨리 경, 굿 대령, 나, 움보파, 그리고 호텐토트족인 벤트푀겔이 여행에 가지고 갈 물건들을 정리했다. 그런 다음 각자에게 좋은 사냥용 칼을 주겠다는 약속을 하여 나는 첫 번째 휴식지까지 마실 물을 운반해 달라고 세 명의 원주민들을 설득하는 데 성공했다.

다음날 우리는 온종일 휴식을 취하고 잠을 잤다. 그런 다음 9시가 막 지나 달이 떠올랐을 때, 우리는 일어나서 곧 채비를 했다.

p.64 "그러면 이제 출발합시다!" 마침내 헨리 경이 말했다.

그리하여 우리는 출발했다. 우리에게는 먼 산과 호세 실베스트레의 옛 지도 외에는 우리를 안내해 줄 것이 아무것도 없었다. 그 지도는 죽어가는 사람에 의해 300년 전에 리넨 조각에 그려진 것이어서 그것을 활용하는 것은 썩 만족스러운 일이 아니었다. 그래도 우리의 성공에 대한 유일한 희망은 그것에 달려 있었다. 만약 우리가 그 지도 위에 표시되어 있는 썩은 물이 고인 웅덩이를 찾아내지 못한다면, 우리는 갈증으로 죽을 것이 분명했다.

우리는 1시 무렵이 될 때까지 상당 시간 동안 말없이 걸었다. 우리는 약간의 물을 마시고 30분 동안 휴식을 취한 다음 다시 출발했다.

우리는 동이 틀 때까지 계속 걸었다. 우리는 모두 지쳤으나 멈추지 않았는데, 일단 해가 완전히 떠오르면 이동하기가 거의 불가능할 것임을 알고 있기 때문이었다. p.65 약 한 시간 후, 우리는 평원에 솟아 있는 약간의 바위 무더기를 보았으므로 그곳까지 몸을 끌고 갔다. 우리에게는 다행스럽게도, 이곳은 우리에게 열기를 피하게 해 줄 가장 반가운 피난처를 제공해 주었다. 우리는 약간의 물을 마시고 약간의 육포를 먹은 다음 누워서 곧 깊은 잠에 빠졌다.

오후 3시에 우리는 돌아갈 준비를 하는 원주민들이 내는 소리에 잠이 깨었다. 그래서 우리는 실컷 물을 마시고 우리의 물병을 채웠으며, 그런 다음 그들이 떠나는 것을 지켜보았다.

4시 30분에 우리 역시 출발했다. 사막으로 나가서는 외롭고 쓸쓸했다. 몇몇 타조들을 제외하면 눈에 띄는 생물은 단 한 마리도 없었다.

p.66 해가 질 때 우리는 멈춰 섰고 달이 뜨기를 기다렸다. 마침내 달이 나왔고, 새벽 2시쯤 딱 한 번 더 휴식을 취하고 나서 우리는 밤새 지치도록 걸었다. 우리는 물을 약간 마시고 해가 떠오르고 있을 때 모래 위에 몸을 풀썩 내던졌다. 완전히 녹초가 되었기 때문에 우리는 곧 잠이 들었다. 이번에는 눈부신 햇빛으로부터 우리를 지켜줄 쉴 바위를 찾을 수 있을 만큼 운이 좋지는 않아서 우리는 모두 오븐 속의 칠면조 같은 기분으로 약 7시 경에 깨어났다. 우리는 문자 그대로 구워져 있었다. 우리는 앉아서 힘겹게 숨을 쉬었다.

"휴." 내가 내 머리 위에서 요란하게 윙윙거리는 파리들을 잡으며 말했다. 열기가 그 녀석들에게는 영향을 주지 않는 듯했다.

"오, 이런!" 헨리 경이 소리쳤다.

"날씨가 덥군!" 굿 대령이 말했다.

"어떻게 할까요?" 헨리 경이 물었다. "오랫동안 이 더위를 견디지는 못해요."

p.67 우리는 멍하니 서로를 바라보았다.

"나한테 생각이 있어요!" 굿 대령이 말했다. "구덩이를 파고 그 안에 들어가 덤불로 우리 몸을 가려야 합니다."

그것은 그리 해결 가능성 있는 제안은 아닌 듯했지만, 적어도 아무것도 하지 않는 것보다는 나았다. 우리는 일에 착수했고, 주변에는 분명히 많은 관목들이 있었다. 약 1시간 후에 우리는 그럭저럭 약 길이 10피트, 폭 12피트, 그리고 깊이 2피트 정도의 땅을 파냈다. 그런 다음 사냥용 칼로 키가 작은 관목을 자르고 구덩이 안으로 기어들어가 그것을 우리 모두 위로 끌어다 놓았다. 벤트푀겔은 우리와 합류하지 않았다. 벤트푀겔은 호텐토트족이었으므로 열기는 그에게 하등의 특별한 영향을 미치지 않았다.

구덩이 속에서 우리는 숨을 헐떡였으며, 이따금 부족한 물을 공급하려고 입술을 축였다. p.68 그럭저럭 그 비참한 날은 저녁을 향해 나아갔다. 대략 오후 3시쯤 우리는 더 이상 견딜 수 없다고 결정했다. 그 끔찍한 구덩이 속에서 열기와 갈증에 의해 서서히 죽임을 당하는 것보다는 걷다가 죽는 것이 더 나았다. 우리는 빠르게 줄어들고 있는 우리의 물을 조금만 마시고 비틀거리며 앞으로 걸어갔다.

그때까지 우리는 황야를 대략 50마일 답파했다. 지도에 따르면, 우리는 썩은 물웅덩이로부터 12마일 내지 15마일 정도 거리 안에 있었다. 만약 그것이 실제로 존재할 경우에 말이었다.

오후 내내 우리는 천천히 그리고 고통스럽게 기어갔는데, 한 시간에 1.5마일도 채 가지 못했다. 해 질 녘에 우리는 달이 뜨는 것을 기다리기 위해 다시 멈춰 섰으며, 물을 약간 마신 후 가까스로 잠이 들었다.

p.69 우리가 눕기 전에, 움보파는 우리에게 약 8마일 떨어져 있는 평원의 평평한 표면 위에 있는 작고 형체가 문명하지 않은 언덕을 가리켰다. 먼 곳에서 그것은 개밋둑처럼 보였는데, 잠이 들 때 나는 그것이 무엇일까 궁금했다.

달이 떴을 때 우리는 다시 행군했다. 우리는 모두 몹시 지치고 갈증과 땀띠로 고생하고 있었다. 그것을 경험하지 못한 사람은 아무도 우리가 어떤 일을 겪었는지 알 수 없다. 우리는 더 이상 걷고 있는 것이 아니었다. 우리는 비틀거렸고, 이따금 탈진하여 쓰러졌다. 우리는 거의 매 시간마다 멈춰 서야 했다.

마침내 새벽 2시쯤에 우리는 이상한 언덕 밑자락에 도착했다. p.70 처음 보았을 때 그 언덕은 100피트 높이에 바닥은 거의 2에이커를 차지하는 거대한 개밋둑과 닮아 있었다.

이곳에서 우리는 멈춰 섰고, 절망적인 갈증에 제정신을 차리지 못하고 마지막 물 한 방울까지 쪽쪽 빨아먹었다.

막 잠이 들려고 하는 찰나 나는 움보파가 줄루족 언어로 무언가를 중얼거리는 것을 들었다.

"물을 찾지 못하면 우리는 모두 내일 달이 뜨기 전에 죽게 될 거야." 움보파가 말했다.

물! 물!

p.71 약 두 시간 후 우리는 모두 잠에서 깨어났고 그 상황에 대해 논의하기 시작했다. 브랜디 병을 가지고 있던 굿 대령은 그것을 꺼내어 간절히 바라보았다. 헨리 경은 즉시 그것을 굿 대령에게서 빼앗았는데, 술을 마시는 것은 그냥 죽음을 재촉할 뿐이기 때문이었다.

p.72 "물을 찾지 못한다면 우리는 죽게 될 것입니다." 헨리 경이 말했다.

"만약 우리가 옛 지도를 신뢰할 수 있다면, 이 근처에는 물이 좀 있어야 하는데 말입니다." 내가 말했다. 아무도 이 말에서 큰 만족을 얻는 것 같지는 않았다. 지도에 어떤 신뢰감도 부여할 수 없음이 아주 분명했다. 이제 날은 점점 더 밝아 오고 있었고, 우리가 서로를 멍하니 쳐다보고 있을 때, 나는 호텐토트족인 벤트푀겔이 일어서서 땅을 뚫어져라 보며 이리저리 돌아다니기 시작하는 것을 보았다. 벤트푀겔은 갑자기 멈춰 섰고, 땅을 가리키며 감탄사를 내뱉었다.

"그게 무엇인가?" 우리가 물었다. 동시에 일어서며 우리는 벤트푀겔이 모래를 바라보며 서 있는 곳으로 갔다.

"음, 새로 생긴 스프링복의 자취로군." 내가 말했다. p.73 "그래서 어쨌다는 것인가?"

"스프링복들은 절대 물에서 멀리 떨어져 있지 않습니다." 벤트푀겔이 네덜란드어로 대답했다.

"그렇지." 내가 대답했다. "나는 잊고 있었네. 다행이군!"

그 작은 발견은 우리에게 새로운 활기를 불어넣었다. 벤트푀겔은 그의 들창코를 치켜들고 킁킁거리며 뜨거운 공기를 냄새 맡았다.

"물 냄새가 나는군요." 벤트푀겔이 말했다.

바로 그 순간 해가 멋지게 나타났고, 우리의 놀란 눈에 장엄한 광경을 드러냈다.

그곳에 우리로부터 약 40마일 내지 50마일 떨어진 곳에 지도에 표시되어 있는 산들인 시바 여왕의 가슴이 높이 치솟아 있었다. 그리고 그 산들 중 한쪽 면에 거대한 슐리만 산맥이 수백 마일에 걸쳐 뻗어 있었다. p.74 우리는 나중에 적어도 1만 5천 피트 높이로 보이는 시바 여왕의 가슴이 거즈 같은 안개에 싸여 있는 것을 발견했다. 이것이 전에는 우리가 그 산맥을 분명히 보지 못했던 이유였다.

우리가 다시 갈증을 느꼈을 때 시바 여왕의 가슴은 안개 속으로 사라지고 있었다.

우리는 언덕 주변을 돌아다니고 반대편을 열정적으로 이리저리 살펴보았지만, 물은 한 방울도 발견되지 않았다.

"자네는 바보야." 내가 화를 내며 벤트푀겔에게 말했다. "물이 없잖아."

"하지만 물 냄새가 납니다." 벤트푀겔이 대답했다.

"어쩌면 물이 언덕 꼭대기에 있나 봅니다." 헨리 경이 말했다.

"도대체 누가 언덕 꼭대기에서 물이 발견될 거라는 말을 들어 보기라도 했겠는가!" 굿 대령이 말했다.

"만약을 위해서 가서 봅시다." 내가 말했다.

움보파가 선두에 서고 우리는 언덕의 모래 경사면을 기어올랐다. 곧 움보파는 마치 넋을 잃은 듯 멈춰 섰다.

p.75 "여기 물이 있습니다!" 움보파가 줄루족 언어로 크게 외쳤다.

우리는 움보파에게 달려갔고, 바로 그 언덕 꼭대기에 물웅덩이가 있었다. 우리는 그 검고 불쾌한 겉모습에도 주저하지 않았다. 그것은 물, 아니 물에 가까운 어떤 것이었고, 그것이면 우리에게는 충분했다. 우리가 얼마나 물을 마셨던지! 일단 물을 마시고 나자 우리는 옷을 찢고 웅덩이 안에 들어앉아 우리의 바싹 마른 피부로 수분을 빨아들였다.

잠시 후 우리는 원기가 회복된 것을 느끼며 일어났고, 우리의 육포를 게걸스레 먹었다. 우리는 거의 24시간 동안 먹지 못했던 터였다. 그런 다음 우리는 평화로운 웅덩이 옆에 누워 파이프 담배를 피웠고 정오까지 잤다.

우리는 평화로운 웅덩이 옆에서 온종일을 보냈다. p.76 그런 다음 우리 몸과 물통에 가능한 한 물을 꽉꽉 채우고 한결 나아진 기분으로 달빛을 받으며 다시 출발했다. 우리는 그날 밤 거의 25마일을 갔다. 다음날 우리는 몇몇 개밋둑 뒤에 생긴 작은 그늘을 얻을 수 있을 만큼 운이 좋았다. 다음날 동이 틀 때쯤 우리는 우리가 시바 여왕의 왼쪽 가슴의 제일 낮은 경사면에 있는 것을 알았다. 이때쯤 우리의 물 공급은 한 번 더 고갈되었다. 우리는 갈증으로 몹시 고통을 겪고 있었다. 우리는 우리 위로 훨씬 더 높이 솟아 있는 눈 지대에 도착하기 전까지 우리의 갈증을 해소할 기회를 발견하지 못할 것임을 알았다. 한두 시간 더 쉰 후, 우리는 타오르는 열기 속에서 고통스럽게 애를 쓰며 경사면을 계속 올라갔다.

11시 무렵에 우리는 완전히 지칠 대로 지쳤다. 그때 놀랍게도, 우리는 초록 풀로 빽빽이 뒤덮인 작은 산등성이에 도착했다. 우리가 땅에 주저앉았을 때, 나는 움보파가 일어나서 초록 땅 뙈기를 향해 절뚝거리며 걷는 것을 보았다. p.77 나로서는 참으로 놀랍게도, 움보파는 미친 사람처럼 춤을 추고 소리를 지르고, 초록색인 무언가를 흔들기 시작했다.

"그게 뭐야, 움보파?" 우리 모두 움보파 쪽으로 기어오를 때 내가 줄루족 말로 소리쳤다.

"음식과 물이에요, 주인님."

그때 나는 움보파가 흔들고 있는 것을 보았다. 그것은 멜론이었다! 우리는 수천 개의 잘 익은 야생 멜론이 있는 한 뙈기의 밭을 우연히 만난 것이었다.

"멜론입니다!" 내가 옆에 있던 굿 대령에게 외쳤고, 잠시 후 그의 틀니는 멜론들 중 하나에 박혀 있었다.

멜론을 여섯 개 째 막 베어 물었을 때, 나는 사막 너머를 바라보다가 약 10마리 정도의 커다란 새들 무리가 우리 쪽을 향해 날아오는 것을 보았다.

"쏘세요, 주인님, 쏘세요!" 호텐토트족이 속삭였다.

p.78 그때 나는 그 새들이 능에 무리임을 보았다. 나는 두 방을 쏘았고 그들 중 한 놈을 떨어뜨렸다. 그 새는 무게가 약 20파운드 정도 나갔다. 우리는 멜론 나무의 마른 줄기들을 사용해서 불을 피웠고, 그 위에 능에를 구웠다. 머지않아 다리뼈와 부리만 빼고는 그 거대한 새한테는 아무것도 남지 않았다. 우리는 가져갈 수 있는 만큼 가능한 많은 멜론을 모았고 달이 떠올랐을 때 다시 출발했다.

우리는 하루에 겨우 5마일 밖에 산을 오르지 못하면서 이후 며칠을 보냈다. 곧 멜론과 육포가 떨어졌고, 5월 23일 무렵에 우리는 눈 외에는 아무것도 먹지 못하고 있었다. 그날 하루 종일 우리는 이따금 쉬려고 눕기도 하면서 눈이 쌓인 경사면을 천천히 겨우 올랐다. 해가 지기 직전에 우리는 우리가 공중으로 수천 피트 솟은 시바 여왕의 왼쪽 가슴 꼭대기 바로 밑에 있음을 알았다. 그것은 꽁꽁 언 눈이 쌓인, 광대하고 부드러운 언덕이었다.

p.79 "우리는 지도에 있는 그 동굴 근처에 있어야 해요." 굿 대령이 말했다.

"만약 동굴이 있다면요." 내가 말했다.

"그런 식으로 말씀하지 마세요, 쿼터메인." 헨리 경이 말했다. "저는 지도를 믿습니다. 물을 기억하세요! 우리는 머지않아 동굴을 찾을 것입니다."

"어두워지기 전에 동굴을 찾지 못하면, 우리는 죽은 목숨입니다." 내가 대답했다.

이후 10분간 우리는 말없이 계속 걸었다. 그때 갑자기 움보파가 내 팔을 잡았다.

"보세요!" 움보파가 눈 속에서 구멍처럼 보이는 것 쪽을 가리키며 말했다. "동굴입니다."

우리는 그 장소 쪽으로 나아갔고, 그 구멍이 틀림없이 호세 실베스트레의 지도에 표시된 동굴의 입구라는 것을 발견했다. p.80 우리는 아주 커 보이지는 않는 것 같은 동굴로 기어들어갔고, 온기를 느끼기 위해 다같이 모여 몸을 웅크렸으며 남아 있는 브랜디를 들이켰다. 그날 밤은 몹시 추웠는데, 아침에 일어나서 우리는 벤트푀겔이 싸늘하게 죽어 있는 것을 발견했다. 벤트푀겔은 이제 거의 딱딱하게 얼어붙어 있었다. 굉장히 충격을 받은 채로 우리는 벤트푀겔의 시체로부터 우리의 몸을 끌어당겼다. 그런 다음 갑자기 누군가로부터 나온 공포의 절규를 듣고 고개를 돌렸다.

20피트도 되지 않는 동굴 끝에 또 다른 죽은 남자가 앉아 있었다. 더욱이 그것은 백인이었다.

그 광경은 엄청난 충격을 받은 우리의 신경이 감당하기 벅찬 것으로 입증되었다. 우리는 모두 최대한 빠르게 반쯤 언 팔다리를 움직여 동굴에서 기어 나왔다.

솔로몬 왕의 대로

p.81 "내 동생이 아니라서 다행이에요." 동굴 밖에서 헨리 경이 말했다.

우리는 다시 들어가서 죽은 남자를 관찰했다. 스스로 낸 듯한 상처와 그의 집게손가락에 난 혈흔을 보고서 우리는 그것이 지도를 그렸던 호세 실베스트레의 조상의 시체가 분명하다고 결론을 내렸다. p.82 추위가 그의 시체를 수백 년 동안이나 손상시키지 않은 것이었다!

"갑시다." 헨리 경이 말했다. "그에게 동무를 붙여 줘야겠습니다."

헨리 경은 호텐토트족인 벤트푀겔의 시신을 들어 올렸고 호세 실베스트레의 조상의 시신 근처에 두었다. 그런 다음 우리는 반가운 햇빛 속으로 다시 동굴을 기어 나와 다시 길을 떠났다. 우리는 우리가 동굴에 남겨둔 두 사람과 같은 운명을 맞이하게 되기 전까지 과연 몇 시간이 걸릴 지 마음속으로 궁금해했다.

그날 늦게 우리는 다행히도 몇 마리의 영양들과 마주쳤고, 그중 한 마리를 죽이는 데 성공했다. 우리는 그 영양을 게걸스레 먹어 치우는 데 다음 한 시간을 보냈다. 사실, 우리는 우리의 허기를 채우기에 너무 바빠서 우리 주변을 둘러볼 시간을 내지 못했다. p.83 그러나 이제 움보파에게 우리가 가져갈 수 있는 가장 좋은 고기를 가능한 많이 베어내도록 시키고 우리의 주변 환경을 조사하기 시작했다. 우리의 시야에 펼쳐진 훌륭한 전경을 어떻게 묘사해야 할지 모르겠다. 나는 전에 그와 같은 어떤 것도 본 적이 없었고, 앞으로도 그럴 것이다.

우리의 뒤쪽과 위쪽으로는 시바 여왕의 눈 덮인 가슴이 우뚝 솟아 있었고, 우리가 서 있는 곳에서 약 5천 피트 아래쪽에는 최고로 아름다운 끝없는 평원 지대가 있었다. 거기에는 나무들이 우뚝하게 빽빽이 솟아 있는 숲과 커다란 강이 있었다.

p.84 우리가 바라보고 있을 때 두 개의 이상한 점이 우리에게 강렬한 인상을 주었다. 첫째, 앞에 있는 지역은 우리가 횡단해 온 사막보다 적어도 3천 피트는 높았다. 둘째, 모든 강이 남쪽에서 북쪽으로 흘렀다. 우리가 고통스럽게 배웠듯이, 우리가 서 있는 광대한 지역의 남쪽 면에는 물이 없었다. 하지만 북쪽 면에는 많은 하천이 있었고, 그 하천의 대부분은 우리의 눈이 미치는 것보다 더 멀리 굽이쳐 가는 것이 보이는 거대한 강과 합류했다.

"솔로몬 왕의 대로에 관한 것은 지도에 아무것도 나와 있지 않습니까?" 헨리 경이 물었다.

나는 고개를 끄덕였는데, 여전히 놀라운 전망을 멍하니 바라보고 있었기 때문이었다.

"음, 저기 있군요!" 헨리 경이 우리가 있는 곳으로부터 약간 오른쪽을 가리키며 말했다.

굿 대령과 나는 길고 넓은 길을 바라보았다. 왠지 그것은 특이하게도 천연적으로 나 있는 것 같지는 않았는데, 우리가 그곳에서 로마의 대로와 같은 종류의 길을 발견했던 것이었다.

p.85 "음, 우리가 오른쪽으로 가 버리면 그 길은 우리와 아주 가까이 있겠군요." 굿 대령이 말했다. "같요?"

우리는 시냇물에 얼굴과 손을 씻고 길 쪽으로 갔다. 그것은 단단한 바위를 잘라서 낸, 적어도 폭이 50피트는 되는 훌륭한 길이었으며, 분명히 잘 보존되어 있었다. 이상한 것은 길이 그곳에서 시작되는 것 같다는 것이었다. 우리는 내려가서 그 길 위에 섰으나, 시바 여왕의 가슴 쪽으로 뒤로 약 100보를 가고 나면 길은 사라지고 눈 더미가 드문드문 흩어져 있는 바위들에 끊겨 있었다.

"이것은 이상하군요." 헨리 경이 말했다.

"내가 아네!" 굿 대령이 말했다. "길은 아마도 예전에는 산맥 위를 곧바로 넘어 다른 쪽의 사막을 관통했을 테지만, 그곳에 있던 모래가 길을 덮어 버렸던 것 같아. 우리 위쪽에 있는 길은 분명히 화산 폭발 같은 것으로 파괴된 거야."

p.86 우리는 계속해서 산 아래로 내려갔다. 우리가 걸어서 1마일씩 더 나아갈수록 주변은 점점 더 환해지고 아늑해졌으며, 우리 앞에 놓인 지역은 빛을 발하는 아름다움으로 반짝였다. 길 그 자체로 말하자면, 나는 공학적으로 그러한 걸작은 본 적이 없었다.

정오 무렵 우리는 길이 케이프타운에 있는 테이블 마운틴 능선에서 보이는 나무들과 유사한 은빛 나무들이 서 있는 광대한 숲을 관통하여 구불구불 이어지는 것을 발견했다. 나는 케이프타운에서를 제외하고는 그 어느 곳에서도 그러한 것들을 본 적이 없었고, 이곳에 있는 나무들의 겉모습은 나를 크게 놀라게 했다.

"아, 이곳에는 목재가 풍부하군요." 이 나무들을 살펴보며 굿 대령이 말했다. "여기에서 멈추어서 저녁거리를 좀 요리합시다."

이는 반가운 제안이었다. 우리는 길에서 벗어나 그리 멀지 않은 곳에서 졸졸 소리를 내고 있는 시내 쪽으로 갔고, 머지않아 마른 나뭇가지로 불을 활활 지폈다. p.87 우리는 가지고 온 영양 고기에서 상당한 양의 살집을 베어냈다. 그런 다음 그 고기를 끝이 날카로운 막대에 꽂아 구웠고 맛있게 먹었다.

우리가 포만감을 느끼며 앉아서 담배를 피울 때, 나는 갑자기 굿 대령의 머리를 살짝 스쳐가는 섬광을 목격했다. 굿 대령은 큰 고함을 지르며 벌떡 일어났고, 고함은 치지 않았어도 나 역시 벌떡 일어났다. 굿 대령 뒤쪽으로 약 10피트 거리에 한 무리의 남자들이 서 있었다. 그들은 키가 크고 구릿빛이었으며, 그들 중 일부는 커다란 검은 깃털 장식과 짧은 표범 가죽 망토를 착용하고 있었다. 약 17살 정도인 한 젊은이가 그들 앞에 서 있었다. p.88 분명히 섬광은 그가 던진 무기에서 비롯된 것이었다.

전사 같아 보이는 나이 많은 한 남자가 무리 앞으로 나오더니 젊은이의 팔을 잡고 그에게 뭐라고 말했다. 그런 다음 우리를 향해 다가왔다.

"안녕하시오." 내가 줄루족 말로 말했다. 놀랍게도 그 노인은 내 말을 알아들었다.

"안녕하시오." 노인은 같은 언어는 아니었어도 그와 아주 유사한 지방 사투리로 대답해서 움보파와 나는 둘 다 그의 말을 쉽게 알아들었다.

"당신들은 어디에서 왔는가?" 그가 계속해서 말했다. "당신들은 누구인가?"

나는 움보파의 얼굴이 이 사람들의 얼굴과 똑같이 생겼고 그의 커다란 키도 그들의 키와 같다는 것을 알아챘다. 그러나 당시에는 이에 대하여 곰곰이 생각해 볼 시간이 없었다.

"우리는 타지인들이오." 내가 대답했다. "우리는 평화롭게 찾아왔소."

p.89 "거짓말을 하고 있군." 노인이 대답했다. "어떤 타지인도 모든 것들이 죽는 저 산을 건너오지 못한다. 하지만 당신의 거짓말은 중요하지 않다. 당신들이 타지인들이라면 죽어야 하니까. 어떠한 타지인들도 쿠쿠아나족의 땅에 들어오는 것을 허락받지 못한다. 그것은 왕령이지. 죽을 준비를 해라!"

사람들이 천천히 자신들의 칼에 손을 뻗었다.

"저 사람이 뭐라고 했습니까?" 굿 대령이 말했다.

"우리를 죽이겠다고 말하는군요." 내가 암울하게 말했다.

"오, 맙소사!" 굿 대령이 외쳤다. 굿 대령이 그렇게 말할 때, 대령의 틀니가 입에서 툭 튀어나왔다. 굿 대령은 틀니를 잡아 한 번의 부드러운 동작으로 자신의 입에 도로 끼워 넣었다. 이는 최고로 운이 좋았던 일로 입증되었는데, 다음 순간 위엄 있던 쿠쿠아나족 무리가 일제히 공포의 비명을 내지르며 뒤로 물러섰기 때문이었다.

p.90 "대령님의 이 때문이에요." 헨리 경이 속삭였다. "틀니를 다시 꺼내세요, 굿 대령님, 틀니를 꺼내세요!"

굿 대령은 순순히 따랐고, 자신의 틀니를 입에서 꺼내어 플란넬 셔츠 소매 속에 넣었다.

곧 호기심이 공포심을 이겼고, 그 남자들은 천천히 우리 쪽으로 다가왔다.

"타지인들이여, 어떻게 이 뚱뚱한 남자가 몸에서 분리될 수 있는 이를 가지고 있는가?" 노인이 굿 대령을 가리키며 물었다.

"입을 벌리십시오." 내가 굿 대령에게 말했다. 굿 대령은 노인을 보고 재빨리 싱긋 웃고서 성난 개처럼 두 줄의 얇은 붉은 잇몸을 드러냈다. 사람들은 헉 하고 숨을 멈추었다.

"그의 이는 어디에 있는 거지?" 그들이 소리쳤다.

한 번의 재빠른 동작으로 굿 대령은 틀니를 도로 끼워 넣었다. 그런 다음 다시 싱긋 웃으며 두 줄의 아름다운 이를 드러냈다.

p.91 그 남자들은 무릎을 꿇었다.

"그대들이 신령님들이신 것을 알겠습니다." 노인이 더듬거리며 말했다. "저희를 용서해 주십시오, 신령님들."

여기에 정말로 행운이 있었고, 나는 그 기회에 달려들었다.

"너희들은 용서를 받았다." 나는 위엄 있는 미소를 지으며 말했다. "이제 그대에게 진실을 말하겠다. 우리는 너희들과 같은 사람들이지만, 밤에 빛나는 가장 큰 별에서 왔다."

"오! 오!" 쿠쿠아나족들이 감탄했다.

"이제 너희는 우리가 이를 넣다 뺐다 하는 사람의 머리에 칼을 던진 자를 죽임으로써 그와 같은 환영에 복수를 할 거라고 생각할지도 모르겠구나." 나는 계속해서 말했다.

p.92 "그를 용서해 주십시오, 신령님들." 노인이 간청했다. "그는 왕의 아들이고, 저는 그의 숙부입니다. 만약 그에게 무슨 일이 일어난다면 저는 죽임을 당할 것입니다."

"그런데 어쩌면 너희는 우리가 가지고 있는 복수할 힘을 의심할지도 모르겠구나." 나는 노인을 무시하며 말을 계속했다. "지금 너희에게 보여 주마."

나는 움보파를 사나운 말투로 불렀다.

"노예여, 여기로 말을 하는 마법의 관을 가지고 오라." 나는 나의 사냥용 고속 총을 향해 눈짓했다.

움보파가 나에게 총을 건넸다.

"여기 있습니다, 신령들 중의 신령이시여." 움보파가 미소를 감추려고 힘겹게 애쓰며 말했다.

"저 수컷 영양을 보라." 나는 약 70마일 떨어진 곳에 서 있는 영양 한 마리를 가리키며 말했다. "이제 내가 여기서 소리로 저 놈을 죽일 것이다."

나는 깊은 숨을 들이켰고, 천천히 방아쇠를 당겼다.

"탕!" 영양은 공중으로 펄쩍 뛰어오르더니 땅에 쓰러져 죽었다.

p.93 공포의 신음 소리가 우리 앞에 있는 무리들로부터 터져 나왔다.

"우리는 이 신령님들을 왕께 모시고 가야 한다." 노인이 자신의 조카에게 말했다. "오, 별의 자손들이시여, 저는 예전에 쿠쿠아나 백성들의 왕이었던 카파의 아들 인파두스라고 합니다. 이 젊은이는 스크라가입니다. 스크라가는 위대한 왕 트왈라의 아들이지요. 1천 명의 아내들의 남편이며, 쿠쿠아나족의 추장이자 최고 권위자이며, 솔로몬 왕의 대로의 수호자이며, 적들에게는 공포의 대상이며, 흑마술의 제자이며, 10만 전사들의 지도자인 검은 피부의 무시무시한 애꾸눈 왕 트왈라 말입니다."

"트왈라 왕에게 나를 데려가라." 내가 말했다. "우리는 그 수하들과는 이야기하지 않는다.

p.94 "잘 알겠습니다, 신령님들, 저희가 신령님들을 왕께 모시고 가겠습니다. 하지만 긴 여행이 될 것입니다. 왕의 거처에 도달하는 데에는 사흘도 더 걸릴 것입니다."

쿠쿠아나 땅에 들어가다

p.95 그날 오후 내내 우리는 서북 방향으로 끝도 없이 나 있는 멋진 도로를 따라 갔다. 인파두스와 스크라가는 우리와 함께 걸었고, 그들의 부하들은 약 100보 앞서 행군했다.

p.96 "인파두스." 내가 말했다. "누가 이 길을 만들었나?"

"누가 이 길을 만들었는지는 아무도 모릅니다, 신령님, 몇 세대를 살아온 현명한 여인 가굴조차도 모른답니다."

"그러면 네 왕에 대해 말해 보라." 내가 말했다.

"신령님, 저의 이복형인 왕에게는 같은 어머니에게서 태어난 형이 있었습니다. 쌍둥이들이 둘 다 살도록 허락하는 것은 우리의 관습이 아닙니다. 약한 쪽이 언제나 죽어야 하지요. 하지만 왕의 어머니는 나중에 태어난 약한 아이를 숨겼고, 그 아이가 현재의 왕인 트왈라 왕입니다. 저는 다른 여인에게서 태어난 왕의 동생이지요. 저의 부친인 카파는 저희가 성인이 되었을 때 돌아가셨고, 제 형인 이모투가 아버지를 대신하여 왕이 되었습니다. 이모투 왕은 한동안 군림했고 왕은 가장 사랑하는 아내에게서 아들 이그노시를 얻었습니다. 그 아이가 세 살이었을 때, 기근이 이 땅을 찾아왔고 백성들은 비난할 누군가를 찾기 시작했습니다. p.97 그때 죽지 않는 현명하고 무시무시한 여인인 가굴이 '이모투는 왕이 아니다.'라고 말하며 백성들에게 성명을 발표했습니다. 그리고 그 당시에 이모투 왕은 병이 나서 그의 마을에서 움직이지도 못하고 앓아누워 있었습니다.

그때 가굴은 태어난 이후로 동굴과 바위 사이에 숨겨 왔던 트왈라를 백성들 앞에 데려와서 그가 진정한 왕이라고 선언했습니다. '우리가 진정한 왕을 인정한다면 이 엄청난 기근은 끝날 것이다!'라고 가굴은 선언했지요.

이제 백성들은 굶주림에 제정신이 아니었고, 모두들 진실에 대한 이성과 알고 있던 사실을 잊어버린 채 '왕이다! 왕이다!'라고 외쳤습니다. 하지만 저는 이모투 왕이 저의 쌍둥이 형들 가운데 형이며, 우리의 합법적인 왕이라는 것을 알고 있었지요. p.98 하지만 제가 이모투 왕에게 경고를 해 줄 수 있기도 전에 트왈라는 자신의 칼로 이모투 왕의 심장을 찔러 죽였습니다. 백성들은 벌써부터 트왈라를 그들의 새로운 왕으로 반길 준비가 되어 있었지요."

"이모투 왕의 아내와 그녀의 아들 이그노시에게는 무슨 일이 일어났는가?" 내가 물었다.

"왕비는 아이와 함께 가까스로 도망쳤습니다. 왕비는 산 쪽으로 갔고, 그곳에서 죽은 것이 분명합니다. 그 이후로 왕비도, 아들인 이그노시도 본 사람이 아무도 없습니다."

트왈라 왕

p.99 트왈라의 주요 거처인 루까지의 여행 중에 일어난 사건들을 장황하게 상술할 필요는 없을 것이다. 쿠쿠아나 땅의 심장부로 곧바로 뻗어 있는 솔로몬 왕의 대로를 따라 여행하는 데에는 꼬박 이틀이 걸렸다. p.100 우리가 그 도시의 심장부로 가까이 다가갈수록 넓은 경작지로 둘러싸인 마을들이 점점 더 많아졌다.

그 마을들은 모두 많은 병사들에 의해 지켜지고 있었다. 쿠쿠아나 땅에서 신체 건강한 모든 남자는 병사였다. 이는 나라의 모든 병력이 공세전이든 수세전이든 전쟁을 위해 이용 가능하다는 의미했다. 이동하면서, 우리는 대규모 연례 사열과 축제에 참석하기 위하여 루로 서둘러 향하는 수천 명의 전사들을 마주쳤다.

둘째 날 해 질 무렵, 우리는 도로가 나 있는 언덕 꼭대기에서 쉬려고 걸음을 멈추었다. 우리 앞의 아름답고 비옥한 평야에 바로 루가 위치해 있었다. 원주민의 마을치고 루는 아주 컸는데, 둘레가 약 5마일이고 기묘한 말발굽 모양으로 생긴 언덕이 있으며 북쪽을 향해 약 2마일 길이로 나 있었다. p.101 마을 중간을 가로질러 흐르는 강은 마을을 두 부분으로 나누고 있었다. 강에는 몇 군데에 다리가 놓여 있었다. 60마일에서 70마일 정도 떨어진 곳에는 눈 덮인 세 개의 큰 봉우리들이 있었다.

"길은 저곳에서 끝납니다." 쿠쿠아나족들 사이에서는 '세 마녀'라고 알려진 봉우리들을 가리키며 인파두스가 말했다.

"길이 왜 끝나지?" 내가 물었다.

"저는 모릅니다." 인파두스가 어깨를 으쓱하며 대답했다. "저 산들에는 동굴이 가득하며, 그 사이에는 거대한 구덩이가 하나 있습니다."

나는 헨리 경과 굿 대령에게 몸을 돌렸다.

"저곳이 솔로몬 왕의 다이아몬드 광산이 있는 곳임에 분명합니다." 내가 속삭였다.

또 한 시간이 흐른 후, 우리는 그 마을 외곽에 있었다. 머지않아 우리는 도개교가 있는 해자에 이르렀으며, 그곳에서 우리는 보초를 한 명 만났다. p.102 인파두스는 내가 잘 알아들을 수 없는 암호를 댔고, 우리는 거대한 초원 도시의 중앙로를 통과했다. 우리는 오두막들이 모여 있는 작은 군락으로 안내되었고, 이 오두막들이 우리의 숙소가 될 예정이었다.

우리는 여자 하인들이 우리에게 가져온 푸짐한 식사를 했고, 곧 잠이 들었다. 우리는 다음 날 우리에게 왕이 우리를 만날 준비가 되어 있다고 알려 준 어떤 하인에 의해 잠에서 깨어났다. 비록 우리는 왕을 몹시 보고 싶기는 했지만, 일부러 왕을 기다리게 만들기로 결정했다. 한 시간도 더 지나서 우리는 준비가 되었다고 선언했고, 인파두스의 안내를 받아 접견을 하러 출발했다. 움보파는 왕에게 선물로 주게 될 윈체스터 소총과 구슬을 가지고 우리를 따라왔다.

몇 백 야드를 걷고 나서 우리는 왕이 거주하고 있는, 마을에서 가장 큰 오두막에 도착했다. p.103 그 오두막을 둘러싸고 있는 울로 경계를 친 아주 큰 땅에는 8천 명의 전사들로 가득 채워져 있었다. 우리가 그들 사이를 뚫고 앞으로 나아갈 때, 이 사람들은 조각상처럼 가만히 서 있었다.

몇 개의 의자가 오두막 앞의 커다란 공터에 놓여 있었다. 우리는 이 의자들 중 세 개에 앉았고, 움보파는 우리 뒤에 섰다. 인파두스는 오두막 문 옆에 자리를 잡았다. 몇 분 후 오두막 문이 열리고 소매 없는 멋진 호랑이 털가죽 외투를 어깨 위에 걸친 거대한 체구의 한 사람이 밖으로 나왔다. 그 뒤로 스크라가, 그리고 우리에게는 모피 외투로 몸을 감싼 말라빠진 원숭이처럼 보이는 것이 따라왔다. 거대한 체구의 사람은 의자에 앉았고, 스크라가는 그의 뒤에 섰으며, 말라빠진 원숭이는 오두막의 그늘로 기어가서 웅크리고 앉았다.

p.104 그런 다음 그 거대한 사람은 털가죽 외투를 스르르 벗고 우리 앞에 섰다. 그것은 정말로 놀라운 광경이었다. 그 거대한 남자는 내가 여태껏 본 중에서 가장 끔찍한 얼굴을 가지고 있었다. 그는 거대한 입술, 납작한 코, 그리고 반짝이는 검은 눈을 하나만 가지고 있었다. 그의 전체적인 표정은 잔인하고 냉혹했다. 커다란 머리에는 흰색 타조 깃털로 만든 거대한 깃털 장식이 솟아 있었고, 그의 몸에는 빛나는 쇠사슬 갑옷 셔츠가 입혀져 있었다. 오른손에 그는 커다란 창을 들고 있었고, 목에는 두꺼운 금목걸이를 걸고 있었으며, 그의 이마에는 하나의 거대한 원석 다이아몬드가 빛났다.

"낮추어라, 백성들아." 그늘에 있는 원숭이 같은 형체에서 나온 듯한 가는 목소리가 말했다. "왕이시다."

p.105 "왕이시다." 8천 명의 전사들이 화답하여 우렁찬 소리로 알렸다. "낮추어라, 백성들아, 왕이시다."

그런 다음 다시 적막이 흘렀다.

"반갑다, 백인들아." 마침내 트왈라가 말했다.

"반갑소, 쿠쿠아나족의 왕 트왈라여." 내가 말했다.

"백인들아, 그대들은 어디에서 왔으며, 왜 이곳에 왔는가?"

"우리는 별에서 왔소. 우리는 이 나라를 보러 왔소."

"그리고 그대들과 함께 있는 저 자, 저 자 역시 별에서 왔는가?" 트왈라가 움보파를 가리켰다.

"그렇소. 하늘 위에는 당신의 피부색과 같은 사람들이 있소. 그에 대해서는 내게 더 이상의 질문을 하지 마시오, 트왈라 왕이여. 그 대답은 당신의 이해 범위를 넘어설 것이기 때문이오."

p.106 "별들은 멀리 떨어져 있고, 그대들은 이곳에 있다는 것을 기억하시오." 트왈라는 약간 위협적인 말투로 말했다. "이곳에서 나는 그대들을 즉시 죽일 수도 있었소."

비록 속으로는 떨고 있었지만, 나는 큰 소리로 웃었다.

"오, 왕이여, 조심하시오." 내가 말했다. "우리의 머리에서 머리털 하나라도 건드린다면, 당신은 죽음을 맞게 될 것이오. 당신의 부하들이 우리가 무슨 일을 할 수 있는지 당신에게 말해 주지 않았소? 우리가 어떻게 아주 먼 거리에서 죽음을 내릴 수 있는지 그들이 당신에게 말해 주지 않았소?"

"그들이 내게 말해 주기는 했지만, 나는 그들의 말을 믿지 않는다. 지금

내 앞에서 한 사람을 죽여라. 그러면 그대의 말을 믿을 것이다."

"안 되오." 내가 대답했다. "우리는 정당한 형벌로 그렇게 하는 것을 제외하고는 사람을 죽이지 않소. 당신의 부하들에게 황소 한 마리를 몰아 마을 입구를 지나 가라고 하시오. 그러면 황소가 스무 발자국을 가기 전에 내가 황소를 죽여 쓰러뜨리겠소."

"새끼 황소를 들여보내라." 트왈라 왕이 명령했다.

p.107 두 사람이 즉시 출발하여 황소 한 마리를 몰고 들어왔다.

"자, 헨리 경, 이번에는 당신이 쏘십시오." 내가 말했다. "저들에게 제가 우리 일행 중에 유일한 마법사가 아니라는 것을 보여 주고 싶습니다."

헨리 경은 자신의 사냥용 고속 총을 잡고 황소를 겨누고서 방아쇠를 당겼다. 즉시 황소가 쓰러져 죽었다. 수천 명의 전사들로부터 나오는 놀람의 탄식 소리가 높아졌다.

"이제 믿겠소, 왕이여?" 내가 의기양양하게 몸을 돌리며 말했다.

"그렇다, 백인아." 트왈라가 다소 겁먹은 말투로 말했다.

"잘 들으시오, 트왈라." 나는 계속해서 말했다. "우리는 평화롭게 찾아왔소." 나는 원체스터 연발총을 집어 들었다. "이것은 당신에게 주는 내 선물이오. **p.108** 하지만 나는 그것에 주문을 걸어 놓았소. 당신은 그것으로 어떤 사람도 죽이지 못할 것이오. 그것을 들어 사람에게 겨눈다면, 그것이 당신을 죽일 것이오."

나는 그 소총을 트왈라에게 건넸다.

트왈라는 조심스럽게 총을 받았고, 그것을 자신의 발치에 내려놓았다. 트왈라가 그렇게 할 때, 나는 그 원숭이 같은 형체가 오두막 그늘에서 기어나오는 것을 관찰했다. 트왈라에게 가까이 기어가자마자 그 형상은 두 발로 일어섰고, 얼굴에서 모피 덮개를 홀랑 벗더니 엄청 유별난 기괴한 얼굴을 드러냈다. 분명히 그 원숭이 같은 형상은 사실은 대단히 나이가 많은 여자였다. 얼굴은 아주 쪼그라들어 있어서, 깊이 패인 수많은 노란 주름으로 뒤덮여 있기는 했지만, 크기에 있어서는 한 살짜리 아이의 얼굴보다도 크지 않은 것 같았다. 커다란 검은 눈 한 쌍만 아니었다면, 그 얼굴은 햇볕에 바싹 말라 버린 시체의 얼굴로 오인받았을지도 몰랐다. 그러나 그 얼굴에는 여전히 화기와 총기가 가득했다.

p.109 "들으시오, 폐하!" 그 연약한 생물이 말했다. "들어라, 전사들아! 들어라, 쿠쿠아나족의 고향인 산과 평야와 강들아! 내가 예언한다! 내가

예언한다!

피다! 피다! 피다! 피의 강물이다! 도처에 피다! 나는 피를 보고, 피 냄새를 맡고, 피를 맛본다! 피가 붉게 땅 위를 흐르고 하늘에서 비로 내린다.

발소리다! 발소리다! 발소리다! 멀리서 온 백인의 발소리다! 그것이 땅을 흔든다. 땅이 그 주인 앞에서 흔들린다.

백인들이 그대들을 먹어 치우고 그대들을 죽일 것이다!

또한 백인이여, 끔찍한 사람들이여, 마법과 학식에 능한 백인들이여, 그들은 무엇 때문에 왔는가? p.110 너희들은 모르지만 나는 안다!"

그녀는 머리카락이 없는 머리를 우리를 향해 돌렸다.

"그대들은 잃어버린 자를 찾고 있는가? 그대들은 여기에서 그를 찾지 못할 것이다. 그는 여기에 없다. 그대들은 밝은 돌을 찾으러 왔다. 나는 그것을 안다. 그리고 어두운 색깔의 피부를 가진 그대!" 그녀는 말하고서 앙상한 손가락으로 움보파를 가리켰다. "그대는 누구이고, 왜 여기 있는 것인가? 그대는 밝은 돌 때문에 여기에 온 것이 아니다. 생각해 보니 그대를 알겠구나. 그대의 심장 속에서 흐르는 피 냄새를 맡을 수 있는 것 같구나."

여기에서 그 늙은 여자는 땅에 쓰러졌고 오두막 안으로 옮겨졌다.

왕이 벌벌 떨며 일어서서 손을 흔들었다. 얼마 안 되어 우리 자신과 왕과 몇몇 수행원들만 제외하고 그 커다란 공간은 텅 빈 채로 남겨졌다.

"백인들이여, 내 마음은 내게 내가 그대들을 죽여야 한다고 말한다." 트왈라 왕이 말했다. "가굴이 이상한 말을 했어. 그대들은 뭐라고 하겠는가?"

p.111 내가 웃었다.

"조심하시오, 왕이여. 우리는 죽이기가 쉽지 않소. 당신은 황소의 운명을 보았소. 같은 운명에 처하고 싶은 것인가?"

"왕을 위협하면 안 된다." 트왈라가 눈살을 찌푸리며 대답했다.

"우리는 당신을 위협하고 있는 것이 아니오. 우리는 진실을 말하고 있는 것이오. 우리를 죽여 보시오, 왕이여, 그러면 알게 될 것이오."

트왈라는 자신의 이마에 손을 얹고 생각했다.

"안심하고 가라." 트왈라가 말했다. "오늘 밤에는 큰 춤 잔치가 있다. 그대들은 그것을 구경해도 된다. 걱정하지 마라. 오늘 밤에는 그대들에게 덫을 놓지 않겠다. 그대들을 어떻게 할지는 내일 결정하겠다."

우리는 일어나서 인파두스의 수행을 받아 우리의 오두막으로 돌아갔다.

마녀 사냥

p.112 우리의 오두막으로 돌아오자마자 나는 인파두스에게 우리와 함께 들어가자는 몸짓을 했다.

"자, 인파두스, 우리는 그대와 이야기하고 싶네." 내가 말했다.

"어서 하십시오, 신령님들."

"우리가 보니 이곳 사람들이 모두 트왈라 왕을 대단히 두려워하는 것 같네. 그는 잔인한 사람인가?"

p.113 "네, 신령님들. 왕은 모든 사람들 중에서도 가장 잔인합니다. 오늘 밤에 보시게 될 것입니다. 그것은 엄청난 마녀 사냥이며, 많은 사람들이 죽임을 당할 것입니다. 어떠한 사람의 목숨도 무사하지 못합니다. 만약 왕이 어떤 사람의 소나 어떤 사람의 아내를 탐낸다면, 혹은 왕이 어떤 사람이 자신에 대한 반란을 조직하는 것을 두려워한다면, 그때는 가굴이나 그녀가 가르친 몇 명의 다른 마녀 찾는 여인들이 그 사람을 마법사로 감지해낼 것이고, 그는 죽임을 당할 것입니다. 오늘 밤 달빛이 희미해지기 전에 많은 사람들이 죽을 것입니다. 저는 전쟁에서 수완이 좋고 병사들에게 사랑을 받기 때문에 여태 목숨을 부지해 왔습니다. 우리의 땅은 트왈라 왕의 잔혹함에 신음하고 있습니다."

"그렇다면 왜 사람들은 왕을 내치지 않는가?"

p.114 "만약 왕이 죽으면, 스크라가가 그의 자리를 차지할 것입니다. 스크라가의 마음은 트왈라의 마음보다 더 시커멓습니다. 만약 이모투가 살해되지 않았다면, 혹은 그의 아들 이그노시가 살아남았다면 달랐을지도 모릅니다. 하지만 그들은 둘 다 죽었습니다."

"이그노시가 죽었다는 것을 어떻게 압니까?" 우리 뒤쪽에서 목소리가 났다. 그것은 움보파였다.

"그것이 무슨 말이지, 청년?" 인파두스가 물었다.

"들어 보세요, 인파두스." 움보파가 말했다. "제가 이야기를 하나 해 드리지요. 수년 전, 이모투 왕은 이 나라에서 죽임을 당했고 그의 아내는 아들인 이그노시와 함께 도망쳤어요. 맞지요?"

"그렇다네."

"사람들은 그 여자와 그 여자의 아들이 산에서 죽었다고 합니다. 맞습니까?"

"그렇다네."

"그런데 그 어머니와 아들인 이그노시는 죽지 않았습니다. 그들은 산을 건너 모래 벌판 저편 너머로 사막을 방랑하는 어느 사막 부족들의 안내를 받았지요. p.115 마침내 그들은 물과 풀과 나무가 있는 곳에 다시 도착했습니다."

"그것을 자네가 어떻게 알지?"

"그냥 들어 보세요. 어머니와 아들은 수개월 동안 계속 이동했습니다. 마침내 그들은 아마줄루족이라고 불리는 사람들이 전쟁을 벌여 살아가는 땅에 도착했는데, 아마줄루족은 또한 쿠쿠아나족의 조상들의 자손들이기도 하지요. 결국 어머니가 죽을 때까지 어머니와 아들은 수년 동안 아마줄루족과 함께 살았어요. 그리고 나서 이그노시는 다시 방랑자가 되었고, 백인들이 사는 땅으로 갔습니다. 다음 몇 년 동안 이그노시는 백인들의 지혜를 배웠지요."

"꽤 그럴싸한 이야기로군." 인파두스가 믿을 수 없다는 듯이 말했다.

"수많은 긴 세월 동안 이그노시는 자신의 고향 땅으로 돌아갈 기회를 기다렸습니다. p.116 그때 이그노시는 이 미지의 땅을 찾고 있는 몇몇 백인들을 만났고 그들에게 합류했습니다. 백인들은 잃어버린 친구를 찾아서 계속해서 이동했지요. 그들은 이글거리는 사막을 횡단하고 눈 덮인 산을 건너고 마침내 쿠쿠아나족의 땅에 도착해서 당신을 찾았습니다, 인파두스."

"자네는 미친 게 틀림없군." 깜짝 놀란 늙은 전사가 말했다.

"보세요, 제가 보여 드리죠, 숙부님. 제가 쿠쿠아나족의 정당한 왕 이그노시입니다."

그런 다음 단 한 번의 동작으로 움보파는 자신의 허리띠를 풀고 우리 앞에 나체로 섰다.

"보세요." 자신의 배꼽 몇 인치 아래에 파란색으로 문신되어 있는 커다란 뱀 그림을 가리키며 움보파가 말했다.

인파두스는 거의 머리에서 눈이 튀어나올 듯이 눈을 크게 뜨고 바라보았다. 그런 다음 무릎을 꿇었다.

p.117 "내 형의 아들이구나!" 인파두스가 소리쳤다. "왕이시다!"

"제가 그렇게 말씀드리지 않았습니까, 숙부님?" 움보파가 말했다. "일어나십시오. 저는 아직 왕이 아닙니다. 하지만 숙부님의 도움과 제 친구들인 이 용감한 백인들의 도움으로 저는 머지않아 왕이 될 것입니다. 하지만 늙은 마녀인 가굴의 말이 옳았습니다. 이 땅에는 먼저 피가 흐를 것이고, 그녀의 피는 이 땅을 흐르게 될 최초의 피일 것입니다. 가굴은 말로 제 아버지를 죽이고 제 어머니를 내쫓았습니다. 그리고 인파두스 숙부님, 숙부님은 지금 선택을 하셔야 합니다. 제가 트왈라를 타도하는 것을 도와주시겠습니까, 아니면 도와주시지 않을 겁니까?"

노인은 주저하지 않았다.

"이그노시, 쿠쿠아나의 정당한 왕이여, 나는 죽을 때까지 당신을 섬길 것이오."

"잘 알겠습니다, 인파두스. 제가 이기면, 숙부님은 왕국에서 왕 다음으로 가장 위대한 사람이 될 것입니다." 움보파는 우리에게 몸을 돌렸다. **p.118** "그리고 백인 여러분, 저를 도와주시겠습니까? 저를 도와주시고 제가 성공하면, 여러분은 원하는 만큼 흰 돌을 가져가셔도 됩니다. 그 돌들이 여러분이 찾는 것이죠, 그렇지 않은가요?"

나는 움보파의 말을 통역했다.

"움보파에게 말해 주십시오. 재물은 좋은 것이며, 재물이 우리에게 오면 우리는 그것을 가져갈 것이라고 말이죠." 헨리 경이 말했다. "하지만 신사는 재물에 자신을 팔지 않습니다. 그리고 나는 스스로의 의지로 이렇게 말하겠습니다. 나는 언제나 움보파가 마음에 들었으므로 이번 일에 그의 편에 서겠습니다. 게다가 나는 이미 그 잔인한 악마 트왈라를 증오합니다. 굿 대령님, 대령님은 뭐라고 말씀하실 건가요? 그리고 쿼터메인 씨, 당신은요?"

"나는 움보파와 함께하겠네." 굿 대령이 말했다. "나는 항상 근사한 전투를 즐기지."

나는 이 대답들을 통역했다.

"고맙습니다, 나의 친구들." 이그노시, 아니 움보파가 말했다. "그런데 당신은 뭐라고 말씀하시렵니까, 주인님? 당신도 제 편이신지요?"

p.119 나는 머리를 긁적거렸다.

"움보파, 아니 이그노시, 나는 혁명을 좋아하지 않는다네." 내가 말했다. "나는 평화주의자이고 약간 겁쟁이이기도 하다네. 하지만 나는 내 친구 편에 설 것이네. 자네는 우리에게 친구였으니 나는 자네에게 친구가 되어 줄 거야. 하지만 알아두게. 나는 가난한 장사꾼이고, 생계를 꾸려야 한다네. 그래서 그 다이아몬드에 관한 자네의 제안을 수락할 것이네. 한 가지 더 말하자면, 우리는 자네도 알다시피 헨리 경의 잃어버린 동생을 찾으러 왔네. 자네는 우리가 그를 찾는 것을 도와주어야 하네."

"옳으신 말씀입니다." 이그노시가 대답했다. "인파두스, 진실을 말씀해 주세요. 누구든 백인이 우리 땅에 발을 디딘 적이 있습니까?"

"한 명도 없습니다, 이그노시."

"우리 땅에서 누구든 백인이 눈에 띄거나 소식이 들렸다면, 숙부님이 아셨을까요?"

"물론입니다."

p.120 "들으셨지요, 헨리 경." 이그노시가 헨리 경에게 말했다. "헨리 경의 동생 분은 쿠쿠아나 땅에 오지 않았습니다."

"음." 헨리 경이 한숨을 쉬며 말했다. "내 동생은 이렇게 멀리 오지는 않은 것 같군. 그러니까 모두 소용없는 일이었단 거로군! 그래, 모두 신의 뜻인가 보네."

"이그노시, 어떻게 왕이 될 계획인가?" 내가 물었다.

"아직 모르겠습니다. 인파두스, 계획이 있으십니까?"

"오늘 밤에는 큰 춤 잔치와 마녀 사냥이 있습니다." 인파두스가 대답했다. "많은 죄 없는 목숨들을 앗아갈 것이고 많은 다른 사람들의 마음속에는 슬픔과 트왈라 왕에 대한 분노가 일어날 것입니다. 춤 잔치가 끝나면, 저는 몇몇 지위 높은 추장들에게 당신이 진정한 왕이라고 말할 것입니다. 그러면 내일 아침 무렵에 당신이 2만 명의 전사들을 뜻대로 쓰시게 될 것입니다. 저는 이제 가 봐야 합니다. 만약 우리가 춤 잔치가 끝난 후에도 여전히 살아 있다면, 저는 당신을 이곳에서 뵐 것입니다."

p.121 이때 우리는 왕으로부터 전령들이 왔다는 외침 때문에 대화가 끊겼다. 각자 반짝이는 쇠사슬 갑옷 셔츠와 굉장한 전투용 도끼를 운반 중인 세 사람이 들어왔다.

"별나라에서 온 백인들에게 드리는 저희 군주이신 왕의 선물입니다!" 그들 중 한 명이 말했다.

"왕께 감사하는 바요." 내가 대답했다. "이제 물러가시오."

그 남자들은 갔고 우리는 큰 흥미를 가지고 갑옷을 조사했다. 그것은 우리들 중 누구라도 여태껏 본 중에서 가장 근사한 쇠사슬 작품이었다.

"이곳 쿠쿠아나 땅에서는 이러한 것들을 만드오, 인파두스?" 내가 물었다. "아주 아름답구려."

p.122 "아닙니다, 신령님. 그것들은 우리 선조들로부터 전해져 내려왔

습니다. 우리는 누가 그것들을 만들었는지 모르며 오직 몇 벌만 남아 있을 뿐입니다. 오직 왕족의 혈통만 그 옷을 입을 수 있지요. 그 옷은 어떠한 창도 통과할 수 없는 마법의 셔츠이며, 그 옷을 입은 사람들은 전투에서 안전하지요. 왕은 몹시 기쁘거나 몹시 두렵거나 둘 중 하나입니다. 그렇지 않으면 신령님들에게 이 강철 옷을 보내지 않았을 것입니다. 오늘 밤에 그 옷을 입으십시오, 신령님들."

우리는 그날 남은 시간을 쉬기도 하고 이 상황에 대해 이야기하며 조용히 보냈다. 마침내 해가 저물었고, 어둠을 뚫고 쿵쿵거리는 수천 명의 발소리와 수백 개의 창이 쨍쨍 부딪치는 소리가 들려왔다. 연대들이 대규모 춤 잔치가 준비되고 있는 정해진 장소로 지나갔다. 그때 보름달이 휘황찬란하게 빛났다. 우리가 달빛을 보며 서 있을 때, 인파두스가 자신의 전투복을 입고 도착했다. 인파두스는 우리를 춤 잔치까지 호위할 스무 명의 사람들로 이루어진 호위대를 대동하고 있었다. p.123 우리는 이미 왕이 우리에게 보낸 쇠사슬 갑옷 셔츠를 평상복 아래에 입고 있었다. 그런 다음 우리는 연발 권총을 허리에 두르고 손에는 왕이 갑옷과 함께 보낸 전투용 도끼를 든 다음 떠났다.

왕의 큰 마을에 도착하자마자 우리는 그곳이 연대로 짜여진 2만 명 가량의 남자들로 빽빽이 채워져 있다는 것을 발견했다. 이 연대들은 순차적으로 중대로 나뉘어져 있었고, 각 중대 사이로는 마녀 탐색꾼들이 오르내리며 지나다닐 수 있는 공간을 내어주기 위한 작은 길이 있었다. 그곳에 무장한 사람들이 찍 소리 하나 없이 조용하게 서 있었다. 그들은 한 사람 한 사람 모두가 마법사로 불려 처형당하는 것을 두려워하는 것이 분명했다.

p.124 "우리 역시 위험에 처해 있는 것이오?" 내가 인파두스에게 물었다.

"저는 모릅니다, 신령님들. 하지만 두려워하지 마십시오. 밤새 살아남는다면 신령님들은 안전하실 것입니다. 병사들은 왕에게 질리기 시작하고 있습니다."

우리는 탁 트인 공간의 중앙을 향해 천천히 걸어가고 있었다. 앞으로 나아갈 때, 우리는 또 다른 소규모 일행이 왕의 오두막 방향에서 나오고 있는 것을 보았다. 그것은 트왈라였고, 그의 아들 스크라가, 그리고 가굴이 뒤를 따랐다. 창을 든 거대하고 무지막지하게 생긴 사람들인 한 줄의 사형집행인들이 사악한 여인 뒤를 따라 터벅터벅 걸었다.

왕은 가운데 자리에 앉았고, 가굴은 그의 발치에 쭈그리고 있었으며 반면에 다른 사람들은 그의 뒤에 서 있었다.

"잘 오셨소, 백인 신령들이여." 우리가 다가갔을 때 트왈라가 말했다. "자리에 앉으시오. 시간 맞추어 잘 오셨소. 주위를 둘러보고 사악한 자들이 그들의 사악함 속에서 얼마나 몸을 떨고 있는지, 마음속에 악을 품고 '하늘'의 심판을 두려워하는 사람들을 보시오."

p.125 "시작하라! 시작하라!" 가굴이 귀청을 찢을 듯한 가는 목소리로 외쳤다.

트왈라는 자신의 창을 들어 올렸다. 즉시 우리는 또각또각 발 구르는 소리를 들었고, 전사들의 무리에서는 기묘하고 끔찍한 형상들이 우리를 향해 달려오고 있었다. 그들이 가까이 다가왔을 때, 우리는 그들이 여자들이며, 그들 대부분이 늙었다는 것을 알아 보았다. 그들이 우리 앞에 도착했을 때, 그들은 멈추었다.

"어머니시여, 저희가 왔습니다!" 그들이 가굴에게 고하며 일제히 외쳤다.

"좋다!" 사악한 여인이 대답했다. p.126 "이제 가라! 가서 그들의 왕과 이웃에 반대하여 음모를 꾸미는 사악한 사람들을 찾아내라!"

가굴의 진저리 나는 주술사들은 사방으로 흩어졌다. 우리와 가장 가까이 있던 주술사가 미친 듯이 춤을 추고 읊조리기 시작했다. 그런 다음 그녀는 비명을 지르며 껑충 뛰고 갈래 진 지팡이로 키가 큰 전사 한 명을 건드렸다. 즉시 그의 양 옆에 서 있던 두 명의 동료가 각각 그 운이 다한 남자의 팔을 하나씩 붙들고, 그와 함께 트왈라 쪽으로 나아갔다.

그는 저항하지 않았다. 그는 사지가 마비된 사람처럼 보였다. 그가 다가오자 사형 집행인들 중 두 명이 그를 맞으러 앞으로 나왔다. 그러고 나서 사형 집행인들은 명령을 기다리며 몸을 돌려 트왈라 왕 쪽을 바라보았다.

"죽여라!" 트왈라가 말했다.

"죽여라!" 가굴이 말했다.

"죽여라!" 스크라가가 킬킬거리며 말했다.

사형 집행인들 중 한 명이 창을 희생자의 심장에 밀어 넣었고, 이중으로 확인하기 위하여 다른 사람은 커다란 곤봉으로 그 사람의 머리를 세게 때렸다.

p.127 "한 놈." 트왈라가 수를 세었고, 시체는 몇 발자국 끌려 나가 사지를 쭉 뻗었다.

잠시 후 또 다른 불쌍한 가련한 사람이 도살자에게 가는 황소처럼 끌려왔다. 이번에는 그가 입고 있는 표범 가죽 망토로 볼 때 그 남자가 지위가 있는 사람이라는 것을 우리는 알 수 있었다. 같은 명령이 내려졌고 희생자는 죽어 쓰러졌다.

"두 놈." 트왈라가 수를 세었다.

그리고 그렇게 죽음의 게임이 우리 뒤로 대략 백 구의 시체가 죽 펼쳐질 때까지 계속되었다. p.128 한 번은 우리가 일어나서 항의하려고 했지만, 트왈라에 의해 단호하게 제지되었다.

"법대로 하게 두시오, 백인들이여." 트왈라가 말했다. "그들은 마법사이자 악행을 저지른 사람들이므로 죽어 마땅하오."

약 10시 30분쯤 잠시 휴식 시간이 있었다. 마녀 수색꾼들은 한데 모였고, 피의 숙청 작업으로 겉으로는 녹초가 된 듯했다. 우리는 공연이 끝났다고 생각했다. 우리가 틀렸다. 놀랍게도, 가굴이 웅크리고 있던 자리에서 일어나 지팡이에 몸을 지탱하고 우리를 향해 비틀거리며 왔다. 가굴은 춤을 추고 읊조리기 시작했으며, 그러는 내내 우리에게 점점 더 가까이 다가왔다. 가굴은 점점 더 가까이 다가왔으며 마침내 가만히 서서 무언가를 가리켰다.

"누구를 고르려고 하는 걸까요?" 헨리 경이 우리 사이를 바라보며 물었다.

p.129 잠시 후 우리 모두는 가굴이 누구의 운명을 결정지은 것인지 알았다. 가굴은 달려들어서 이제 우리에게는 이그노시로 알려진 움보파의 어깨를 건드렸다.

"그를 죽여라, 그는 악으로 가득 차 있기 때문이다." 가굴이 날카로운 소리를 내질렀다.

잠시 적막이 흘렀다. 나는 즉시 그것을 이용했다.

"오, 왕이여." 내가 자리에서 일어나며 말했다. "이 남자는 당신의 손님들의 하인이오. 우리의 하인의 피를 흘리게 하는 사람은 누구든 우리의 피를 흘리게 하는 것이오. 당신은 우리의 안전을 보장하듯 그의 안전을 보장해 주어야 하오."

"마녀 수색꾼들의 어머니인 가굴이 그를 탐지해 냈다." 트왈라가 말했다. "그는 죽어야 한다, 백인들이여."

"안 되오, 당신은 그를 죽일 수 없소." 내가 대답했다. "그를 죽이려고 하는 자는 누구든 내가 죽일 것이오."

p.130 "그를 죽여라!" 트왈라가 사형 집행인들에게 고함을 쳤다.

그들은 우리를 향해 다가오다가 머뭇거렸다. 이그노시는 창을 꽉 잡고 마치 죽을 때까지 싸울 준비가 되어 있다는 듯이 들어 올렸다.

"물러서라, 이 개 같은 놈들아!" 내가 소리쳤다. "내 노예의 머리털 한 올이라도 건드리면 너희들의 왕은 죽는다." 그 말과 함께 나는 나의 연발 권총을 트왈라에게 겨누었다. 헨리 경과 굿 대령 역시 그들의 권총을 뽑았다. 헨리 경은 자신의 권총을 이그노시를 죽이려고 전진하고 있던 선두의 사형 집행인을 겨냥했고, 굿 대령은 가굴을 겨냥했다.

나의 총신이 자신의 머리와 일직선이 되자 트왈라는 주춤했다.

"자, 어떻게 하겠소, 트왈라?" 내가 말했다.

"그대의 마법의 관을 치우시오." 트왈라가 말했다. "그를 살려 주겠소. 그대들이 할 수 있는 것이 두려워서가 아니라 그렇게 하는 것이 옳기 때문이오. p.131 이제 안심하고 가시오."

우리는 트왈라를 뒤에 남겨두고 우리의 오두막으로 돌아갔다.

"목숨을 구해 주셔서 감사합니다." 움보파가 말했다. "이 일은 잊지 않겠습니다. 이제 우리는 여기서 인파두스를 기다려야 합니다."

우리는 담배 파이프에 불을 붙이고 기다렸다.

증거를 제시하다

p.132 우리는 두 시간 내내 말없이 그곳에 앉아 있었다. 우리는 우리가 본 공포에 대한 기억에 너무 압도당하여 말을 할 수가 없었다. 그때 인파두스가 오두막으로 들어왔고, 대여섯 명의 위풍당당해 보이는 추장들이 뒤따라 들어왔다.

"신령님들과 쿠쿠아나족의 정당한 왕 이그노시여." 인파두스가 말했다. "제가 이 사람들을 데리고 왔습니다." p.133 인파두스가 한 줄로 선 추장들을 가리켰다. "그들은 각자 3천 명의 병사들에 대한 명령권을 가지고 있는 지위가 높은 자들입니다. 저는 그들에게 제가 아는 모든 것을 말해 주었습니다. 그들은 모두 이그노시를 위해서 기꺼이 싸울 것입니다. 그러나 한 가지 조건이 있습니다."

"그것이 무엇이지?" 내가 물었다.

여섯 명의 추장들 중 가장 나이 들어 보이는 한 명이 앞으로 나섰다.

"당신들은 별에서 온 백인들입니다." 그가 말했다. "당신들의 마법은 위대합니다. 이그노시는 당신들의 엄호를 받고 있습니다. 만약 그가 정말로 정당한 왕이라면, 저희에게 증거를 제시해 주시고, 사람들이 그 증거를 보게 해 주십시오. 그러면 사람들이 백인의 마법이 자신들과 함께 한다는 것을 알고 우리 편에 서도록 하는 데 도움이 될 것입니다."

p.134 나는 난처해져서 헨리 경과 굿 대령에게 몸을 돌렸고, 상황을 설명했다.

"저에게 생각이 있을 듯합니다." 굿 대령이 말했다. "그들에게 잠시 생각할 시간을 달라고 말해 주십시오."

추장들은 오두막에서 물러갔다. 그들이 가자마자 굿 대령은 약을 보관하는 작은 상자 쪽으로 가서 그것의 자물쇠를 열었고, 자신의 책력을 꺼냈다.

"자 여기를 보십시오. 내일이 6월 4일 아닙니까?" 굿 대령이 말했다.

우리는 날짜를 꼼꼼히 기록해 두고 있었으므로 즉시 그에게 그렇다고 말할 수 있었다.

"아주 잘됐습니다. 여기 뭐라고 적혀 있는지 보십시오. '6월 4일, 그리니치 시각으로 8시 15분에 개기월식이 시작되며, 남아프리카 테네리페에서 관측될 수 있음.' 그것이 우리의 증거가 될 것입니다. 만약 제가 정확하게 계산해 왔다면, 우리도 저녁 10시쯤에 이곳에서 개기월식을 볼 수 있을 것으로 믿습니다. 그들에게 우리가 내일 밤에 달을 어둡게 만들 것이라고 말해 주십시오."

p.135 우리는 사람들을 다시 불러들였다.

"쿠쿠아나족의 지위 높은 분들과 당신 인파두스는 잘 들으시오." 내가 말했다. "내일 우리는 모든 사람들이 보게 될 신호를 제시할 것이오. 내일 밤 자정이 되기 약 2시간 전에, 우리는 달을 1시간 동안 사라지게 할 것이오. 모든 어둠이 땅을 뒤덮을 것이며, 그것은 이그노시가 진정한 쿠쿠아나족의 왕이라는 증거가 될 것이오. 만약 우리가 이 일을 한다면 만족하겠소?"

"네, 신령님들." 추장들이 대답했다.

"좋소." 내가 말했다. "이제 우리가 잠을 자고 마법을 준비할 수 있도록 나가 주시오."

추장들과 인파두스는 우리에게 인사를 하고 오두막을 떠났으며, 우리는 곧 잠이 들었다.

우리는 다음 날의 대부분을 오두막에서 쉬면서 보냈다. 저녁 식사를 하고 나서 한 시간 후 해가 저물었고, 약 8시 30분쯤에 마침내 트왈라로부터 온 전령이 우리를 성대한 연례 '처녀들의 춤 잔치'에 초대하려고 왔다.

p.136 우리는 도망쳐야 할 경우를 대비하여 우리의 쇠사슬 셔츠를 입고 소총과 탄약을 챙겼다. 트왈라의 마을 앞 커다란 공간은 전날 저녁과는 매우 달라 보였다. 전사들의 자리에는 수백 명의 쿠쿠아나족 처녀들이 있었다. 그들은 지나치게 옷을 차려입지는 않았지만, 각각은 화관을 쓰고 있었고 한 손에는 야자나무 잎을 다른 손에는 흰 백합을 들고 있었다. 달빛이 비치는 탁 트인 공간의 중앙에는 트왈라가 자신의 발치에 있는 가굴과 함께 앉아 있었다. 인파두스, 스크라가, 그리고 열두 명의 호위병들이 트왈라 뒤에 있었다. 추장들 사이에서 나는 전날 밤에 만난 우리의 친구들을 알아 보았다.

"어서 오시오, 별에서 온 백인들이여." 트왈라가 말했다. "오늘 밤, 이곳에서 가장 아름다운 처녀가 나의 아들에 의해 산 옆에 앉아 망을 보고 있는 침묵의 신들에게 바칠 산 제물로 죽임을 당할 것이오. p.137 이제 춤을 시작하게 하라."

화관을 쓴 처녀들이 감미로운 노래를 부르고 여린 야자수 잎과 흰 백합을 흔들며 무리에서 앞으로 나왔다. 잠시 후 그들은 춤을 멈췄고, 한 아름다운 젊은 여인이 대열에서 불쑥 앞으로 나와 우리 앞에서 춤을 추기 시작했다. 그녀는 춤추는 여인들 대부분을 부끄럽게 할 정도로 우아하고 활기차게 움직였다. 마침내 그녀는 지쳐서 물러나고 다른 여인이 그녀를 대신했고, 그런 다음 계속 다른 여인들이 그 자리를 대신했으나, 그들 중 아무도 우아함, 솜씨, 신체적 아름다움에 있어서 첫 번째 처녀에 필적하지 못했다.

트왈라가 손을 들었고, 춤은 중단되었다.

p.138 "첫 번째 처녀가 가장 아름답구나!" 트왈라가 말했다. "그녀는 죽어야 한다!"

"그렇습니다, 그녀는 죽어야 합니다!" 가굴이 그 가엾은 처녀가 있는 방향으로 재빨리 시선을 던지며 말했다.

"그녀를 여기로 데리고 오너라." 트왈라가 호위병 중 두 명에게 말했다. "스크라가, 네 창을 준비해라."

두 명의 호위병이 앞으로 나왔을 때, 그 처녀는 처음으로 임박한 자신의 운명을 깨닫고 크게 비명을 지르고 도망치려고 몸을 돌렸다. 하지만 힘센 손들이 그녀를 재빨리 붙잡아 발버둥 치고 우는 그녀를 우리 앞으로 끌고 왔다.

"네 이름은 무엇이냐, 처녀여?" 가굴이 물었다.

"제 이름은 수코 집안의 파울라타입니다." 처녀가 머리에서 발끝까지 부르르 떨며 대답했다. "오, 제가 왜 죽어야 합니까? 저는 잘못한 것이 아무것도 없습니다!"

파울라타는 하늘로 얼굴을 돌렸는데, 절망에 빠져 너무나 아름다워 보였다. 그녀는 정말로 아름다운 여인이었기 때문이었다. p.139 하지만 비록 뒤에 있는 호위병들 사이에서, 그리고 추장들의 얼굴에서 동정의 신호를 보기는 했지만, 그녀의 슬프고 아름다운 얼굴은 가굴이나 가굴의 주인을 감동시키지는 못했다. 굿 대령으로 말하자면, 그는 맹렬한 분노의 콧방귀를 뀌었고, 마치 막 지원에 나설 듯한 몸짓을 했다. 여자 특유의 빠른 눈치로 그 죽을 운명의 처녀는 굿 대령의 마음속에서 무엇이 스쳐 지나가고 있는지 이해했다. 그녀는 재빨리 굿 대령 앞에 몸을 던지고 손으로 그의 다리를 붙잡았다.

"오, 별에서 오신 백인 아버지시여!" 그녀가 소리쳤다. "이 잔인한 사람들과 가굴로부터 저를 구해 주세요!"

"좋다, 내가 너를 보살펴 주마." 굿 대령이 말했다. "자, 일어나라, 착한 처녀가 있구나." 굿 대령은 그녀의 손을 잡고 일어나도록 도와주었다.

p.140 트왈라는 몸을 돌려 그의 아들에게 몸짓을 했고, 그는 창을 들고 앞으로 나왔다.

"이제 선생의 차례입니다." 헨리 경이 나에게 속삭였다. "무엇을 기다리고 계십니까?"

"저는 개기월식을 기다리고 있습니다!" 내가 대답했다.

"그냥 위험을 무릅쓰셔야 할 것입니다. 아니면 그 여자는 죽임을 당할 거예요! 트왈라는 조급해지고 있습니다."

낭비할 시간이 없다는 것을 깨닫고, 나는 내가 동원할 수 있는 모든 위엄을 갖추고 그 처녀와 스크라가가 앞으로 내민 창 사이로 나섰다.

"왕이여, 우리는 이를 허락하지 않겠소." 내가 말했다. "처녀를 보내 주시오."

"이 하얀 개 같은 놈들아!" 트왈라가 소리쳤다. "너희가 누구라고 생각하느냐? 내 뜻을 거스를 수 있다고 생각하느냐? 물러서라! 스크라가, 그녀를 죽여라! 호위병! 이 사람들을 붙잡아라!"

무장한 남자들이 재빨리 오두막 뒤에서 달려왔다. 헨리 경, 굿 대령, 그리고 움보파는 내 옆에 서서 소총을 들었다.

p.141 "멈춰라!" 내가 대담하게 소리쳤다. "한 발자국만 더 디디면, 우리가 마치 등불인 것처럼 달빛을 꺼뜨리고 너희들의 땅을 어둠에 빠뜨릴 것이다. 감히 나에게 불복종하면, 너희들은 우리의 마법을 맛보게 될 것이다."

나의 위협은 효과를 낳았다. 호위병들은 멈춰 섰고 스크라가는 우리 앞에 가만히 서 있었다.

"저 자는 거짓말쟁이다!" 가굴이 자신의 연약한 손가락으로 나를 가리키며 소리쳤다. "저 자가 혹 바람을 불어 달빛을 꺼뜨리게 놔두어라. 그러면 저 처녀의 목숨을 살려 줄 것이다. 그래, 저 자가 그렇게 하게 두어라. 하지만 저 자가 실패하면 그들 모두를 죽여라!"

나는 절망적으로 달을 흘끗 올려다보았는데, 무척 기쁘고 안심이 되게도 책력이 옳았다는 것을 알았다. 보름달의 가장자리에 희미한 달무리가 있었다!

즉시 나는 하늘을 향해 엄숙하게 내 손을 들어 올렸다. p.142 헨리 경과 굿 대령이 따라했다.

서서히 그림자가 달의 밝은 표면 위로 드리워졌고, 그것이 드리워질 때, 나는 군중으로부터 솟아나는, 공포로 깊이 숨을 헉 하고 멈추는 소리를 들었다. 어떤 이들은 두려움으로 충격을 받은 채 서 있는 한편, 다른 사람들은 무릎을 꿇고 소리쳤다. 트왈라로 말하자면, 그는 가만히 앉아 창백해졌다. 가굴만이 제정신을 유지하고 있었다.

"그것은 지나갈 것이다." 가굴이 소리쳤다. "나는 전에 이런 일을 많이 보았다. 두려워하지 마라, 그림자는 지나갈 것이다. 아무도 달빛을 꺼뜨릴 수 없다."

하지만 어둠의 고리는 계속해서 달을 잠식했다. 우리는 공포에 질린 쿠쿠아나족들이 조용히 하늘을 지켜보고 있는 동안 계속 손을 들어 올린 채로 있었다. 30분이 지났고 그림자는 달의 절반 이상을 잠식한 상태였으며, 달은 이제 핏빛 구체였다.

"백인 마법사들이 달을 죽였다." 스크라가가 마침내 소리쳤다. p.143 "우리 모두 어둠 속에서 죽을 것이다!"

공포 혹은 분노로 미쳐서, 스크라가는 자신의 창을 들어 온 힘을 다해서 그것을 헨리 경의 가슴에 던졌다. 하지만 스크라가는 우리가 자기 아버지가 우리에게 준 쇠사슬 갑옷을 우리 옷 아래에 입고 있다는 것을 잊고 있었다. 창의 쇠 부분은 아무런 해를 입히지 못하고 도로 튕겨 나갔고, 스크라가가 다시 창을 던지기도 전에, 헨리 경은 그의 손에서 창을 잡아채어 그의 심장을 뚫도록 창을 똑바로 던졌다. 사악한 왕자는 쓰러져 죽었다.

처녀들은 혼비백산하여 흩어졌고 목청껏 비명을 지르면서 출입구로 달려갔다. 공황 상태는 거기에서 그치지 않았다. 트왈라 자신은 그의 호위병, 추장들 중 일부, 가굴이 뒤따르는 가운데 오두막으로 도망쳤다. p.144 1분이 조금 지났을 때 헨리 경, 굿 대령, 파울라타, 인파두스 그리고 전날 밤에 우리와 회견했던 추장들 대부분과 나는 스크라가의 시신과 함께 남겨졌다.

"추장들이여, 우리는 당신들에게 신호를 보내 주었소." 내가 말했다. "이제 우리가 무사히 당신들의 군대가 있는 곳으로 도망치도록 해 주시오. 우리의 마법은 지금 멈춰질 수 없소. 그것은 한 시간 정도 계속될 것이오. 아직 어두울 때 도망칩시다."

"갑시다." 인파두스가 가려고 몸을 돌리며 말했다. 다른 추장들은 인파두스를 쫓아갔고 우리와 파울라타라는 아가씨가 뒤따랐는데, 굿 대령은 파울라타의 손을 잡고 있었다.

우리가 마을 관문에 도달하기 전에 달은 완전히 사라졌다. 서로 손을 잡고 우리는 칠흑 같은 어둠 속을 비틀거리며 계속해서 걸었다.

전투를 앞두고

p.145 우리에게는 다행스럽게도 인파두스와 추장들은 그 큰 마을의 길들을 훤히 알고 있었다. 이것은 우리가 어둠에도 불구하고 빠르게 움직이는 것을 가능하게 해 주었다.

p.146 우리는 마침내 개기월식이 지나가기 시작할 때까지 한 시간 동안 걷고 나서 멈춰 섰다. 우리가 지켜보았을 때 갑자기 달에서 한 줄기 은색 광선이 나왔고, 경이로운 불그레한 빛도 함께 내고 있었다. 얼마나 아름다운 광경이었던지. 그 후 5분 뒤에는 우리가 어디쯤에 있는지 볼 수 있을 정도로 충분한 빛을 비추었다. 그때 우리는 우리가 루 마을을 완전히 빠져나왔다는 것을 깨달았다.

머지않아 우리는 정상이 평평한 커다란 언덕에 다다랐는데, 그 언덕은 그리 높지는 않았다. 정상에 있는 풀밭에는 군대의 야영지로 이용되어 오던 충분한 넓이의 야영지가 있었다. 그 야영지를 이용하는 통상적인 수비대 규모는 3천 명 정도로 이루어진 한 개 연대였는데, 그날 밤 우리는 그러한 연대 몇 개가 그곳에서 야영하고 있는 것을 보았다.

우리는 그 땅의 가운데에 있는 오두막으로 갔다. 놀랍게도 두 남자가 우리가 급히 도주하느라 뒤에 남겨두고 온 우리의 물건들을 가지고 우리를 기다리고 있었다.

p.147 "제가 그것들을 가져오라고 사람을 보냈습니다." 인파두스가 설명했다.

우리의 다음 행보를 의논한 후, 우리는 잠을 자러 갔다. 다음날 아침 일찍, 인파두스는 병사들에게 집합하라고 명령하고 그들에게 반란의 목적을 설명했다. 인파두스는 또한 그들에게 정당한 왕위 상속인인 이그노시를 소개했다.

인파두스의 연설 후, 이그노시가 앞으로 나와 말하기 시작했다. 자신의 숙부가 했던 모든 말을 되풀이한 후, 이그노시는 다음과 같이 자신의 힘 있는 연설을 끝맺었다.

"추장들, 장교들, 병사들, 그리고 백성들이여, 그대들은 이제 나와 트왈라 사이에서 선택을 해야 한다. 그대들의 추장들은 내가 왕이라는 것을 말해 줄 수 있을 것이다. 그들이 내 몸에 있는 뱀 문신을 보았기 때문이다. 또한 내가 왕이 아니라면, 왜 이 백인들이 그들의 모든 마법을 동원하여 내 편에 서려고 하겠는가? p.148 추장들, 장교들, 병사들, 그리고 백성들이여! 보름달이 떴을 때, 그들이 트왈라를 혼란스럽게 하고 우리의 도주를 숨겨주려고 어둠을 불러오지 않았던가?"

"그랬습니다!" 병사들이 대답했다.

"나는 왕이며, 전투에서 내 편에 선다면, 우리가 이겼을 때 그대들에게 황소와 아내를 주겠다. 그리고 그대들에게 이것을 약속한다. 내가 왕으로 있는 한, 우리 땅에서는 불필요한 유혈 사태는 없을 것이다. 추장들, 장교들, 병사들, 그리고 백성들이여, 이제 결정했는가?"

"저희는 결정했습니다, 폐하." 병사들이 말했다.

"좋다. 이제 그대들의 오두막으로 돌아가 전쟁을 준비하라."

30분 후에 우리는 전투 회의를 열었다. 모든 지휘관들이 참석했다.

곧 우리가 압도적인 무력에 의해 공격을 받을 것이 우리에게는 분명했다. p.149 언덕 위에 있는 우리의 야영지에서 우리는 심부름꾼들이 루에서 사방으로 뻗어나가는 것을 볼 수 있었는데, 트왈라를 원조할 병사들을 소집하려는 것임이 확실했다. 우리에게는 그 나라에서 가장 뛰어난 7개 연대로 구성된 약 2만 명 가량의 병사들이 있었다.

인파두스와 추장들이 계산한 바로는, 트왈라는 적어도 3만 5천 명의 병사들을 루에 집결시킨 상태였다. 그들은 다음날 정오 무렵에는 트왈라가 추가로 5천 명 정도를 더 자신을 돕도록 동원할 수 있을 것으로 생각했다. 물론 트왈라의 군대들 중 일부가 그를 버리고 우리 편이 될 가능성도 있었지만, 우리는 그러한 기대에 의지할 수는 없었다. 한편 트왈라는 선제공격을 준비하고 있는 것이 분명했다. p.150 무장한 사람들이 이미 언덕 기슭 주위를 계속해서 순찰하고 있었다.

그러나 인파두스와 추장들은 그날은 어떠한 공격도 일어나지 않을 것이라고 믿었다. 그날은 공격 준비, 그리고 마법으로 달을 어두워지게 한 것으로 인해 병사들의 마음속에 심어진 의혹을 제거하는 데 쓰일 것이라고 그들은 생각했다. 공격은 다음날 시작될 것이라고 그들은 말했고, 그들이 옳은 것으로 입증되었다.

일몰 직전에 우리는 소규모의 사람들이 루 방향으로부터 우리 쪽으로 전진해 오는 것을 목격했다. 그들 중 한 명은 자신이 사자라는 신호로 손에 야자수 잎을 들고 흔들고 있었다. 이그노시, 인파두스, 두 명의 추장들과 나는 그들을 맞이하려고 산기슭으로 내려갔다.

"안녕하시오!" 그가 우리에게 다가오며 소리쳤다. "나는 왕으로부터의 전갈을 가지고 왔소."

p.151 "말하라." 내가 말했다.

"그대들이 항복하면 왕께서는 자비를 보이실 것이다."

"왕의 조건은 무엇인가?" 내가 물었다.

"만약 지금 그대들이 항복하면, 열 명 중 한 명씩만 죽임을 당할 것이다. 나머지는 자유롭게 풀려날 것이다. 또한 스크라가를 죽인 백인과 왕이라고 거짓으로 주장하는 그의 하인, 그리고 왕의 형제인 인파두스는 죽을 때까지 고문을 받을 것이다."

다른 사람들과 상의한 후, 나는 우리 병사들이 들을 수 있도록 큰 목소리로 사자에게 대답했다.

"트왈라에게 돌아가라, 이 개 같은 놈아." 내가 말했다. "우리들, 쿠쿠아나족의 정당한 왕 이그노시, 그리고 달을 어둡게 만드는 별에서 온 현자들, 그리고 인파두스는 항복하지 않을 것이다. 해가 두 번 지기 전에 트왈라의 시체가 트왈라 집의 문 앞에서 뻣뻣하게 굳어 갈 것이라고 전해라. p.152 트왈라에게 아버지를 살해당한 이그노시가 트왈라 대신 군림할 것이다. 이제 가 보거라."

다른 말은 하지 않고 사자는 돌아갔고, 그와 거의 동시에 해가 저물었다.

우리는 전투를 준비하면서 분주한 밤을 보냈고, 전령들은 끊임없이 우리가 회의하며 앉아 있는 장소로 드나들었다. 마침내 자정으로부터 약 한 시간 정도가 지난 후, 만반의 준비가 갖추어졌다. 야영지는 적막에 빠져들었다. 이그노시와 추장들 중 한 명과 함께 헨리 경과 나는 자고 있는 수많은 전사들 사이를 걸었다.

"이 사람들 중 얼마나 많은 자들이 내일 이 시간에 살아 있을 거라고 생각하십니까?" 헨리 경이 물었다.

나는 아무 말도 하지 않고 자고 있는 사람들을 다시 바라보았다. 나에게는 마치 죽음의 신이 이미 그들을 건드린 것 같아 보였다. p.153 오늘 밤 이 사람들은 곤한 잠을 잤지만, 내일이면 그들 중 많은 사람들이 추위 속에서 뻣뻣해지고 있을 것이었다. 아내들은 미망인이 되고, 아이들은 아버지 없는 아이들이 될 것이었다.

"커티스." 내가 헨리 경에게 말했다. "저는 아주아주 두렵습니다."

헨리 경은 자신의 노란 턱수염을 쓰다듬으며 웃었다.

"전에도 당신이 그렇게 말씀하시는 것을 들었습니다, 쿼터메인." 헨리 경이 말했다.

"그런데 지금은 정말입니다. 우리 둘 다 오늘 밤에 죽게 될지도 모릅니다. 우리는 압도적인 무력에 의해 공격받을 것이며, 우리가 그들을 물리칠 수 있다면 그것은 기적이 될 것입니다."

"우리는 그들과 잘 싸울 것입니다. 그것은 틀림없어요. 여기를 보십시오, 쿼터메인, 이 모든 일은 난처합니다. 솔직히, 우리는 그 일에 말려들지 말았어야 합니다. p.154 하지만 우리는 도와주기로 결정했으므로 우리 일에 최선을 다해야 합니다. 개인적으로 저는 차라리 다른 방식보다는 싸우다 죽고 싶습니다. 또한 이제 제 불쌍한 동생을 찾을 기회가 희박한 것 같아서 그런 생각이 더 쉽게 드는군요. 하지만 행운은 용감한 사람에게 호의를 보이니까 우리는 성공할지도 모릅니다. 아무튼 전투는 끔찍할 것이며, 이 사람들은 우리가 별에서 왔다고 믿으니까 우리는 그 한가운데에 있어야 할 것입니다."

헨리 경은 이 마지막 말을 슬픈 목소리로 말했으나, 그의 눈에는 그의 흥분을 배반하는 미광이 있었다. 나는 헨리 커티스 경은 실제로는 전쟁을 좋아하는 것이라고 생각했다.

이 대화 후에 우리는 몇 시간 동안 잠을 자러 갔다.

동이 막 트기 시작했을 무렵 우리는 인파두스에 의해 잠에서 깨어났다. 인파두스는 루에서 많은 움직임이 있으며, 왕의 병사들 무리가 우리의 전초 기지로 몰려들고 있다고 말해 주러 왔다.

p.155 우리는 일어나서 전투복으로 갈아입었고, 각자 쇠사슬 갑옷 셔츠를 입었다. 헨리 경은 원주민 전사처럼 옷을 입었다. 빛나는 강철 갑옷을 자신의 넓은 가슴에 걸치며 "쿠쿠아나 땅에 있을 때에는 쿠쿠아나족처럼 행동하라."고 헨리 경은 말했다. 헨리 경은 거기에서 그치지 않았다. 헨리 경의 요청에, 인파두스는 그에게 완전한 원주민 전투복 한 벌을 제공했다. 헨리 경은 지휘관의 표범 가죽 망토를 자신의 목둘레에 묶었다. 헨리 경은 고위 장성들만 매는 검은색 타조 깃털들로 만든 깃털 장식을 자신의 이마 바로 위에 동여맸다.

자신의 연발 권총에 더해 헨리 경은 샌들 한 켤레, 육중한 전투용 도끼, 철로 만든 둥근 방패, 그리고 수리검으로 무장했다. p.156 쿠쿠아나족의 전투복은 분명히 야만적인 옷이었으나, 이러한 복장을 입고 나타난 헨리 커티스 경보다 더 멋진 광경은 거의 본 적이 없다는 것을 나는 인정해야겠다. 그 전투복은 헨리 경의 거대한 체격을 드러냈으며, 잠시 후에 유사한 복장을 갖추고 이그노시가 도착했을 때, 나는 속으로 그처럼 멋진 두 사람을 본 적이 없다고 생각했다.

굿 대령과 나로 말하자면, 우리에게는 갑옷이 썩 잘 어울리지 않았다. 우선 굿 대령은 자신의 바지를 계속해서 입겠다고 고집했다. 게다가 몹시 꼴사나운 코듀로이 바지에 셔츠를 조심조심 쑤셔 넣어 입고 외알 안경을 쓴 뚱뚱하고 땅딸한 신사는 인상적이라기보다는 낯설어 보였다. 나의 경우에는 쇠사슬 셔츠가 내 몸에 비해 너무 컸으므로 나는 모든 옷 위에 그것을 껴입었다. 이 때문에 그것은 볼품없는 차림새로 불룩하기만 했다. 하지만 나는 맨다리로 전투에 뛰어들기로 결심하고 가죽신만 신고서 바지는 벗었다. p.157 이것은 내가 도망쳐서 야영지로 돌아와야 할 필요가 있을 경우 더 빨리 뛰어 야영지로 돌아올 수 있게 하기 위해서였다.

나에게는 창 하나, 방패 하나, 연발 권총, 커다란 깃털 장식이 주어졌다. 이러한 물건들에 더해서 우리는 물론 우리의 소총도 가지고 있었다. 하지만 탄환이 부족해서 우리는 짐꾼들에 의해 우리 뒤에서 탄환이 운반되어야 한다고 결정했다.

마침내 무장을 다 했을 때, 우리는 약간의 음식을 허겁지겁 집어삼켰고 상황이 어떻게 진행되고 있는지 보려고 밖으로 나갔다. 우리는 자신의 연대인 그레이 연대에 둘러싸여 있는 인파두스를 발견했다. 그 연대는 의심할 여지없이 쿠쿠아나 군대 중 가장 훌륭한 연대였다. p.158 이제 3천 5백 명의 용사들로 구성된 강력한 연대가 예비로 마련되어 있었다. 이 병사들은 트왈라 왕의 병사들이 개미처럼 긴 열을 지어 살금살금 포복해 루에서 나오는 것을 지켜보며 중대 단위로 풀밭 위에 엎드려 있었다. 이 종대들의 길이는 끝이 없어 보였다. 모두 세 개의 부대가 있었고, 각각의 부대는 적어도 1만 1천 명에서 1만 2천 명의 병사들이 있었다.

그들이 마을 밖으로 나오자마자 연대들이 대열을 갖추었다. 그런 다음 한 연대는 오른쪽으로, 또 다른 연대는 왼쪽으로, 그리고 나머지 마지막 연대는 천천히 우리를 향해 행군했다.

"아." 인파두스가 말했다. "저들이 세 군데에서 동시에 우리를 공격하려고 하는군요."

이것은 소름끼치는 소식이었다. 원주가 1.5마일로 측정되는 산 정상에 있는 우리의 위치는 상대적으로 소규모인 우리의 방어력을 가능한 한 많이 집중시키는 것이 중요하다는 것을 의미했다. p.159 이제 우리가 어느 방향에서 공격받을 수 있을지 아는 것이 불가능했기 때문에, 우리는 최대한 방어에 치중해야 했다. 우리는 세 개로 분리된 맹공을 맞을 준비를 하라고 여러 연대에 명령을 하달했다.

공격

p.160 세 개의 부대는 계속해서 천천히 포복했다. 우리가 있는 곳에서 약 5백 야드 거리 안에, 다른 부대들이 자리를 잡을 시간을 주기 위해 주력 부대가 언덕 맨 아래쪽에 멈춰 섰다. 이러한 작전 행동의 목적은 세 방향에

서 동시 공격이 가능하게 하려는 것이었다.

p.161 나는 장군처럼 보이는 한 사람이 주력 부대의 약 10야드 앞에서 걷고 있는 것을 보았다. 나는 내 사냥용 고속 총을 집어 들고 3백 5십 야드 정도 떨어져 있는 그를 신중하게 겨냥했다. 나는 심호흡을 하고 방아쇠를 당겼다. 즉시 그 가엾은 남자는 얼굴을 땅에 박고 고꾸라졌다.

그 뛰어난 솜씨를 본 우리 병사들은 이러한 백인의 마법이라는 구경거리에 미친 듯이 환성을 질렀다. 그들은 그것을 성공의 전조로 간주했다. 하지만 그 장군이 속했던 병사들의 부대는 당황해서 물러났다. 헨리 경과 굿 대령은 이제 자신들의 소총을 집어 들고 사격하기 시작했다. 병사들이 우리의 사정거리에서 벗어날 때쯤, 우리는 그들 중 여덟 내지 열 명을 죽인 터였다.

우리가 사격을 멈춘 바로 그때 우리는 우리의 오른쪽으로 멀리 떨어진 곳에서 고함 소리를 들었고, 왼쪽에서 비슷한 고함 소리를 들었다. p.162 다른 두 개의 부대가 우리에게 가까이 다가오고 있었다.

그 소리에 주력 부대는 느린 속도로 언덕 위로 진격하기 시작했다. 우리는 꾸준하게 계속 우리의 소총을 발사했다. 이그노시는 이따금 합류했고 우리는 몇 사람을 죽였으나, 물론 그것은 대규모 군대에 어떤 중대한 영향을 미치지는 못했다.

그들은 자신들의 숨을 고르느라 천천히 계속해서 올라왔다. 우리의 1차 방어선은 아래쪽으로 언덕 중간쯤에 있었고, 2차 방어선은 그보다 5십 야드 더 뒤에 있었고, 3차 방어선은 고원 가장자리를 차지하고 있었다. 머지않아 투척용 칼들이 이리저리 날아다니기 시작했다. 그런 다음 끔찍한 고함소리와 함께 전투가 임박했다.

사람들이 추풍낙엽처럼 빠르게 쓰러지기 시작했다. 머지않아 공격하는 군대의 우세한 힘이 나타나기 시작했다. 우리의 1차 방어선은 천천히 뒤로 밀렸고, 곧 그것은 2차 방어선과 병합되었다. p.163 격렬한 전투가 뒤를 이었으나, 우리 쪽 사람들은 다시 뒤로 밀려 올라왔다. 전투가 시작된 지 20분 안에 우리의 3차 방어선이 교전에 들어갔다.

이때쯤 공격자들은 지쳤다. 게다가 그들은 올라오는 도중 많은 사람들을 잃었으므로 우리의 3차 방어선을 뚫을 수 없었다. 헨리 경은 불꽃이 이는 눈으로 전투를 바라보다가 갑자기 그 속으로 달려 들었으며, 굿 대령이 뒤를 이어 교전 한가운데로 몸을 던졌다. 나는 내가 있는 곳에 그대로 머

물러 있었다.

우리의 병사들은 헨리 경이 전투에 뛰어들 때 그의 큰 체격을 보았다.

"여기 코끼리가 있다!" 그들이 소리쳤다. "여기 코끼리가 있다! 여기 코끼리가 있다!"

p.164 그것이 전투의 진정한 전환점이었다. 조금씩 조금씩 공격하던 군사들은 언덕 아래쪽으로 밀려나 마침내 혼란에 빠진 예비 대대까지 퇴각했다. 바로 그 순간 전령 한 명이 좌측 공격이 성공적으로 저지되었다고 알리기 위해 도착했다. 하지만 내가 막 자축하기 시작하려고 하던 그때 우리는 우측의 우리 병사들이 평원을 가로질러 우리 쪽으로 쫓기고 있으며, 그 뒤로 적군의 무리가 뒤따르고 있다는 것을 깨달았다.

곧이어 이그노시와 나는 진격하는 적의 격렬한 맹공 한복판에 있었다. 다음에 무슨 일이 일어났는지 나는 확실히 알지 못한다. 내가 기억할 수 있는 것이라고는 끔찍한 방패 부딪히는 소리, 그리고 피투성이가 된 창을 가지고 나를 향해 곧장 달려오던 거구의 병사의 모습뿐이다. 비록 소름이 끼치도록 깜짝 놀랐지만, 나는 만약 내가 가만히 서 있으면 죽임을 당할 것임을 알았다. 그 골리앗 같은 사람이 가까이 왔을 때, 나는 아주 교묘하게 그의 앞에 내 몸을 내던진 다음 몸을 홱 돌렸다. 그가 자기 자신을 멈춰 세울 수 없었기 때문이었다. p.165 그가 다시 일어설 수 있기 전에 나는 내 연발 권총으로 그의 머리를 쏘았다.

그 일이 있고 나서 잠시 후 누군가가 나를 때려눕혔고, 나는 그 전투가 더 이상 기억나지 않는다.

정신을 차렸을 때, 나는 다시 오두막에 돌아와 있는 나를 발견했고, 굿 대령은 바가지에 담긴 물을 들고서 몸을 숙여 나를 바라보고 있었다.

"어떻습니까?" 굿 대령이 걱정스럽게 물었다.

"그럭저럭 괜찮습니다. 제가 머리를 맞고 쓰러진 것 같은데요. 우리가 이겼나요?"

"그들은 지금 당장은 뒤로 밀려났습니다. 우리는 약 2천 명을 잃었고, 그들은 3천 명을 잃은 것이 분명합니다."

p.166 일어나서 오두막 밖으로 나갔을 때, 나는 여전히 손에 전투용 도끼를 들고 있는 헨리 경과 이그노시, 인파두스, 그리고 한두 명의 추장들이 심각하게 논의 중인 것을 보았다.

"다행입니다, 여기 이렇게 계시니까요, 쿼터메인!" 헨리 경이 말했다.

"우리는 무엇을 해야 할지 모르겠어요. 우리는 공격을 물리쳤어요. 그리고 이제 트왈라는 대규모 증원 부대를 받고 있지만, 공격은 하지 않고 있습니다. 제 생각에는 트왈라가 우리를 굶겨 죽이려고 계획하고 있는 것 같아요."

"그거 좋지 않군요." 내가 말했다.

"네, 좋지 않지요. 그리고 인파두스는 우리의 물 공급이 거의 떨어졌다고 말합니다."

"그러니까요, 주인님, 우리는 물이 없고 음식도 거의 없어요." 이그노시가 말했다. "이제 우리는 이 세 가지 중에서 선택해야 합니다. 여기서 굶어 죽든지, 싸워서 북쪽으로 돌파해 가든지, 아니면 트왈라의 목구멍을 향해 곧장 맹렬히 덤벼드는 것입니다. 헨리 경은 우리가 습격을 해야 한다고 말씀하십니다. 저는 당신의 의견을 듣고 싶습니다. 우리가 어떻게 해야 한다고 말씀하시겠습니까, 주인님?"

p.167 "나는 헨리 경과 동감이라네." 내가 말했다. "우리는 덫에 걸려 있어. 우리에게 가장 가능성 있는 기회는 지금 당장 공격을 개시하는 거야. 우리는 트왈라의 압도적인 군대가 늘어선 광경이 우리 병사들의 사기를 약하게 만들기 전에 공격해야 해. 만약 그렇게 하지 않으면, 장교들 중 일부가 마음을 바꿔 트왈라와 화해할 거야."

이그노시는 잠시 골똘히 생각했다.

"우리는 오늘 공격할 것입니다." 마침내 이그노시가 말했다. "이것이 우리가 트왈라를 공격할 방법입니다. 언덕이 반달처럼 얼마나 둥글게 구부러져 있고, 그 만곡부 안에서 평원이 어떻게 우리를 향해 초록색 혀를 내밀고 있는지 보이시나요?"

"그래요." 헨리 경과 내가 동시에 대답했다.

"좋습니다." 이그노시가 말했다. 그런 다음 이그노시는 자신의 숙부에게 몸을 돌렸다. "오늘 밤 해가 지기 시작하면, 숙부님의 연대와 다른 연대 하나를 초록색 혀 부분 쪽으로 내려가도록 진군시키세요. p.168 트왈라가 그 연대들을 보면, 진압을 하려고 자신의 군대를 보낼 것입니다. 그러나 그 장소는 협소하며, 트왈라의 연대들은 한 번에 한 연대만 보낼 수 있습니다. 이것은 숙부님이 그들을 차례차례 무찌를 수 있게 해 줄 것입니다. 헨리 경이 숙부님과 함께 가실 것입니다. 저는 제2 연대와 함께 머무를 것입니다. 숙부님의 연대가 괴멸될 때라도 이 사람들이 목적을 갖고 싸울 수 있는 왕이 있도록 말입니다. 그리고 현명한 주인님이 저와 함께 가실 것입니다."

"알겠습니다, 폐하." 자기 부대의 완벽한 승리를 확신하며 인파두스가 말했다.

"그리고 트왈라의 병사들의 눈이 그 전투에 고정되어 있는 동안 남아 있는 우리 병사들의 1/3, 그러니까 대략 6천 명은 언덕의 우측면을 따라 살금살금 이동하여 트왈라 군대의 좌측면을 공격할 것입니다." 이그노시는 계속해서 말을 이어갔다. "굿 대령님이 이끄는 나머지 1/3은 왼쪽을 따라 살금살금 이동하여 트왈라 군대의 우측을 공격할 것입니다. p.169 그리고 적기가 되었다고 볼 때, 저는 트왈라를 공격할 것입니다. 만사가 순조롭다면 우리는 황혼이 지기 전에 루에서 우리의 승리를 축하하고 있을 것입니다."

마지막 공격에 대한 준비는 한 시간도 안 되어 이루어졌다. 굿 대령이 헨리 경과 나에게 다가왔다.

"잘 가시오, 내 친구들." 굿 대령이 말했다. "우리가 다시 못 만나게 될 경우에 대비해서 악수를 하러 왔소."

우리는 조용히 악수를 했다.

"내일의 태양을 볼 수 있을지 모르겠습니다." 저음의 목소리를 약간 떨며 마침내 헨리 경이 말했다. "저와 함께 가게 될 그레이 연대원들은 트왈라를 측면에서 공격하여 전멸할 때까지 싸우게 될 것입니다. 모쪼록 그것은 남자다운 죽음이 되겠지요. 잘 가세요, 내 친구들, 그리고 행운을 빕니다! 여러분이 다이아몬드를 수집할 때까지 살아남기를 바랍니다."

p.170 잠시 후 굿 대령은 가 버렸고, 그런 다음 인파두스가 나타나 헨리 경을 그레이 연대 선두에 있는 그의 자리로 데리고 갔다. 한편 나는 이그노시와 함께 제2 공격 연대에 있는 나의 자리로 떠났다.

마지막 저항

p.171 측면 공격 작전을 수행하기로 정해진 연대는 트왈라의 정찰 병들의 예리한 시선으로부터 그들의 진격을 감추려고 조용히 행군했다. p.172 30분 후에 그레이 연대와 버팔로 연대로 알려진 그들의 지원 연대는 격렬한 공격을 견디어 낸다는 임무를 띠고 행군해 갔다.

인파두스는 경험 많은 연륜 있는 장군이었다. 인파두스는 그러한 필사적인 교전 전에 자기 부하들의 사기를 유지하는 것에 대한 중요성을 알고 있었다. 그래서 전투에 들어가기 전에 인파두스는 그들에게 시적인 언어로 연설을 했다.

"그대들의 왕을 보라!" 인파두스가 이그노시를 가리키며 말했다. "가서 왕을 위해 싸우다 쓰러져라. 그것이 용감한 자의 의무이기 때문이다. 왕을 위한 죽음에 몸을 움츠리는 자, 혹은 적에게 등을 돌리는 자는 저주받고 수치스러울 지어다. 추장들이여, 장교들이여, 병사들이여, 그대들의 왕을 보라!"

우리가 고원의 가장자리에 도착했을 무렵, 그레이 연대는 산비탈 아래쪽으로 이미 중간 정도 내려가 있었다. 저 너머 평야의 트왈라의 야영지에서의 흥분은 대단했다. p.173 연대들은 연이어서 공격 부대가 루의 평야에 들어서는 것을 막기 위해서 전진하기 시작했다.

그레이 연대는 언덕 측면을 내려가면서 한 줄로 대형을 만들었다. 다시 길이 넓어지는 지점에 도착하자마자 그들은 3열 대형을 다시 만들고 멈춰섰다.

그런 다음 우리 버팔로 연대는 혓바닥 지역 끝으로 이동해서 자리를 잡았다. 우리는 그레이 연대의 마지막 대열에서 약 100야드 뒤에, 그리고 약간 높은 지대에 있었다. 한편 이제 증원 후에 4만 명이 넘는 트왈라의 군대는 신속하게 우리를 향해 위쪽으로 이동하고 있었다. p.174 그러나 혓바닥 지역의 뿌리 부분에서 그들은 한 번에 단 한 개 연대만 골짜기로 진군할 수 있다는 것을 발견한 후 주저했다.

약간의 혼란 후에 마침내 그들은 진군을 멈췄다. 그때 키가 큰 장군 한 명이 나타나 명령을 내렸다. 그러고 나서 첫 번째 연대가 함성을 지르며 그레이 연대를 향해 돌격했다. 그레이 연대는 공격 부대가 40야드 이내의 거리에 들어올 때까지 찍 소리 하나 안 내고 가만히 그리고 조용하게 있었다.

그런 다음 갑자기 고함 소리와 함께 창을 치켜 들고 그들이 앞으로 튀어나왔고, 두 진영은 격렬하게 충돌했다. 그러나 격렬한 전투가 벌어진 지 얼마 후, 공격 대열은 가늘어지기 시작했다. 그때 느리고 긴 들썩거림과 함께 그레이 연대는 그들을 넘고 지나갔다. 끝이었다. 공격 연대는 완전히 괴멸되었다. 2/3이 죽은 그레이 연대에는 여전히 2열로 구성된 병사들의 방어선이 남아 있었다.

p.175 어깨를 맞대고 막아서서 그들은 조용히 서서 다음 공격을 기다

렸다. 헨리 경이 전열을 정리하며 앞뒤로 이동할 때 나는 헨리 경의 노란 턱수염을 보고 기뻤다. 헨리 경은 여전히 살아 있었다!

한편 우리는 죽거나 죽어가고 있거나 부상당한 약 4천 명의 사람들로 뒤덮인 격전장으로 이동했다. 이그노시는 부상당한 적군 중 아무도 죽이지 말 것을 명령했다.

얼마 안 되어 제2 연대가 남아 있는 2천 명의 그레이 연대를 공격하려고 다가오고 있었다. 적이 40야드 정도의 거리 안에 들어오자 그레이 연대는 그들에게 몸을 내던졌다. 또 다시 무시무시한 방패 부딪히는 소리가 들렸고, 우리는 비극이 되풀이되는 것을 지켜보았다.

p.176 이번에는 전투가 더 오래 지속되었고, 한동안 그레이 연대는 공격 부대에 의해 압도당할 것처럼 보였다. 하지만 우리가 그레이 연대가 끝장났다고 생각한 바로 그 순간, 나는 끔찍한 창 부딪히는 소리를 압도하는 헨리 경의 저음의 목소리가 울리는 것을 들었다. 또한 헨리 경이 전투용 도끼를 자신의 깃털 장식 위로 높이 흔들 때 나는 헨리 경의 도끼를 흘끔 보았다. 그것이 전환점이었다. 그레이 연대는 바위처럼 가만히 섰고, 창병들의 물결은 계속해서 그들에게 돌진했으나, 창병들은 결국 움찔했다. 몇 분 안에 맹공은 약해졌다.

갑자기 공격 연대가 뿔뿔이 흩어졌다. 그레이 연대는 다시 한 번 승리를 거두었다. 하지만 그들 중 기껏해야 6백 명 가량이 남았을 뿐이었다. 그래도 그들은 환호하고 의기양양하게 창을 흔들었다. 그런 다음 그들은 도망치는 적의 무리들을 뒤쫓아 앞으로 달려갔다. p.177 마침내 그들은 둔덕을 점령했고, 그 기반 주위로 3중의 원형 대형을 형성했다. 그리고 그곳에서 고맙게도 나는 헨리 경을 보았다. 헨리 경은 겉보기에는 무사해 보였으며, 그와 함께 우리의 오랜 친구 인파두스가 있었다. 그때 트왈라의 연대들이 그들에게 들이닥쳤고, 또 한 번의 전투가 임박했다.

이 이야기를 읽는 사람들은 아마도 알아차렸겠지만, 나는 솔직히 약간 겁쟁이이다. 나는 확실히 싸움을 찾아다니지 않는다. 나는 언제나 전투를 혐오했다. 하지만 이 순간, 살면서 처음으로 나는 내 가슴이 싸우고 싶은 욕망으로 타오르는 것을 느꼈다.

나는 이그노시를 바라보았다. 이그노시는 비록 여전히 이를 부드득부드득 갈고 있었지만, 비교적 차분해 보였다. p.178 나는 더 이상 그것을 견딜 수 없었다.

"우리는 그저 이곳에 서 있기만 할 텐가, 움보파, 아니 이그노시, 그러니까 트왈라가 우리 형제들을 모두 죽이는 동안에?" 내가 물었다.

"아니요, 주인님." 이그노시가 말했다. "지금이 적시입니다. 갑시다."

이그노시가 말할 때, 새로운 연대가 작은 언덕 위에 있는 원형 대형을 지나 돌진해 왔고, 측면에서 원형 대형을 공격했다.

이그노시는 전투용 도끼를 들고 전진하라는 신호를 내렸다. 야성적인 쿠쿠아나족의 함성을 지르며 버팔로 연대는 바닷물이 쇄도하는 것과 같이 순식간에 돌격했다.

그 즉시 뒤이어 일어났던 일을 나는 상술할 수가 없다. 내가 기억나는 것은 불규칙적이기는 하지만 질서 정연한 진격뿐이다. 그것은 땅을 뒤흔드는 듯했다. 그런 다음 우리가 작은 언덕에 도착했을 때 끔찍한 충격이 왔고, 목소리들의 지루한 고함 소리가 이어졌다. 피로 물든 붉은 안개 속에서 보이는 계속적인 창의 섬광이 있었다.

p.179 다음에 나는 작은 언덕 정상 근처 그레이 연대의 남은 병사들 속에 서 있는 나 자신을 발견했고, 내 바로 뒤에는 헨리 경이 서 있었다. 내가 그곳에 어떻게 도착했는지 그 당시 나는 알지 못했다. 그 뒤에 이어진 싸움에 관해 말하자면, 나는 또다시 그것을 자세히 상술하지 못하겠다. 계속해서 많은 병사들이 시시각각으로 줄어드는 우리의 원형 대형으로 쇄도해 왔고, 계속해서 우리는 그들을 물리쳤다.

그 용감한 대군이 우리의 투창 공격을 받아내려고 그들의 시체의 방벽 너머로 계속해서 다가오는 것을 보는 것은 장엄한 일이었다. 인파두스가 얼마 남지 않은 부하들의 사기를 높이려고 명령을 외치는 것을 보는 것은 훌륭한 광경이었다. 공격이 벌어질 때 인파두스는 싸움이 가장 격렬한 곳마다 앞으로 나섰다. p.180 그리고 그럼에도 불구하고 헨리 경의 모습은 더 훌륭했다. 그곳에 이 거구의 남자는 손에는 도끼를 들고 갑옷은 온통 피투성이가 되어 빨갛게 물든 채 서 있었다. 몇몇 몸집이 거대한 전사가 위험을 무릅쓰고 헨리 경을 전투로 내몰았을 때 나는 급습하는 헨리 경의 도끼를 보았다. 헨리 경의 강타는 방패와 창을 통해, 머리털과 두개골을 관통하여 산산조각으로 부수어 놓았다. 마침내 어떠한 적도 자신의 의지로는 그 거대한 백인 마법사 근처로 다가가려고 하지 않았다.

하지만 갑자기, "트왈라, 트왈라."라는 외침이 높아지고 군중 속에서 다름 아닌 거대한 애꾸눈 왕 자신이 앞으로 뛰어나왔다. 트왈라 또한 전투용 도끼와 방패로 무장하고 쇠사슬 갑옷을 입고 있었다.

"거기 있었군, 백인 녀석아!" 트왈라가 소리쳤다. "네가 내 아들 스크라가를 죽였다! 네가 나도 죽일 수 있는지 알아보자!" 그 말과 함께 트왈라는 헨리 경에게 곧장 창을 세게 던졌다. 다행히도 헨리 경은 창이 날아오는 것을 보았고, 자신의 방패로 그것을 막았다.

p.181 그때 고함과 함께 트왈라는 헨리 경을 향해 곧바로 돌진했다. 트왈라는 자신의 전투용 도끼로 헨리 경의 방패에 강력한 일격을 가해서 헨리 경이 무릎 꿇게 했다.

하지만 이번에는 싸움이 더 이상 진행되지 못했는데, 그 순간 우리를 둘러싼 연대로부터 놀람의 외침 같은 것이 솟아나왔기 때문이었다. 나는 고개를 들어 올려다보고 그 원인을 알았다.

우리의 전사들이 우리를 구하러 왔던 것이었다. 그보다 더 시기적절할 수는 없었다. 이그노시가 예측한 바와 같이, 트왈라의 모든 군대는 그레이 연대의 남은 병사들과 버팔로 연대의 남은 병사들과의 피비린내 나는 싸움에 관심을 집중시켰다. 그들이 적절한 방어 대형을 갖추기도 전에 우리의 전사들이 측면에서 달려든 것이었다.

p.182 5분 후에 전투의 운명은 결정되었다. 그레이 연대와 버팔로 연대에 의한 양 측면 공격을 받고 트왈라의 연대들은 갑자기 도망치기 시작했다. 곧 우리와 루 사이의 평야 전체에는 도망치는 병사들의 무리가 뿔뿔이 흩어져 있었다. 우리는 바닷물이 빠진 곳에서 나온 바위처럼 그곳에 서 있었다. 그리고 그것은 참으로 엄청난 광경이었다! 우리 주변에는 죽은 사람들과 죽어가는 사람들이 산더미처럼 쌓여 있었다. 오직 95명의 그레이 연대원만이 두 발로 선 채 남아 있었다. 3천 4백 명 이상의 부대원들이 이 한 차례의 전투에서 쓰러졌고, 그들 중 대부분은 다시는 일어나지 못했다.

"여러분, 오늘의 전투는 여러분의 아이들의 아이들에 의해 회자될 것입니다." 인파두스가 자신의 군대에서 남아 있는 병사들에게 연설했다. 그런 다음 몸을 돌려 헨리 커티스 경의 손을 흔들었다. p.183 "당신은 위대한 대장입니다, 신령님. 저는 전사들 사이에서 오래 살아왔고, 많은 용감한 사람들을 알고 지냈지만 신령님 같은 분은 본 적이 없습니다."

이윽고 이그노시가 우리와 합류했고, 그는 자신이 트왈라를 사로잡음으로써 승리를 완성하기 위해 루로 갈 것이라고 알렸다. 멀리 가지 않아서 우리는 우리로부터 약 100보 앞 개밋둑 위에 앉아 있는 굿 대령과 마주쳤다. 굿 대령 옆에는 쿠쿠아나족의 시체가 있었다.

"그는 죽은 것이 분명해," 헨리 경이 말했다. 헨리 경이 그 말을 했을 때, 예기치 못한 일이 일어났다. 쿠쿠아나족 병사의 시체라고 생각했던 것이 갑자기 벌떡 일어나 굿 대령을 개밋둑에서 거꾸로 쓰러뜨리고 그를 창으로 찌르기 시작했다. 우리는 공포에 질려 앞으로 달려갔다. 우리가 오는 것을 보고 그 쿠쿠아나족은 마지막으로 한 번 더 쿡 찌르고 "저 자를 데려가라, 마법사여!"라고 외치고 나서 도망쳤다. p.184 굿 대령은 움직이지 않았고, 우리는 그가 죽었다고 생각했다. 다가갔을 때, 우리는 굿 대령이 창백한 것을 발견했다. 놀랍게도 굿 대령은 얼굴에 잔잔한 미소를 띠고 있었고, 그의 외알 안경은 여전히 그의 눈에 씌워져 있었다.

"이거 대단한 갑옷이군." 굿 대령은 중얼거리고 나서 기절했다. 조사해 보고서 우리는 굿 대령이 다리에 심각하게 부상을 입은 것을 발견했다. 그러나 쇠사슬 갑옷은 습격자의 창이 그에게 타박상 이상의 상처를 심하게 주는 것을 막아 주었다. 그 순간에는 굿 대령을 위해 할 수 있는 것이 아무 것도 없었기 때문에, 우리는 부상자를 위해 사용되는 방패들 중 하나에 그를 싣고 옮겼다.

루의 가장 가까운 관문 앞에 도착하자마자 우리는 우리의 연대들이 마을로 들어가는 다른 출입구를 지키고 있는 것을 발견했다. 이들 연대들 중 한 연대의 지휘관이 이그노시를 왕으로 받들어 인사했다. p.185 그런 다음 그 지휘관은 트왈라의 군대가 마을에 피신하고 있으며 아마도 그들이 항복할 거라고 알려 주었다. 우리와 의논한 후 이그노시는 사자들을 각 문으로 보내어 수비대에게 문을 열라고 명령하고 무기를 내려놓는 모든 병사들에게 용서를 약속했다. 이러한 전갈은 즉각적인 효과가 있었다. 30분쯤 후에, 버팔로 연대의 고함과 함성 속에서 문들이 활짝 열렸다.

적절한 예방 조치를 취하면서 우리는 루 안으로 행군했다. 모든 길을 따라 수천 명의 기가 꺾인 전사들이 그들의 방패와 창을 발밑에 내려놓고 서 있었다. 이그노시가 지나갈 때 그들은 그를 왕으로 받들어 인사했다. 우리는 트왈라의 마을로 곧장 계속해서 진군했다. p.186 마침내 그곳에 도착했을 때, 우리는 트왈라가 단 한 명의 수행원, 즉 가굴만을 데리고 있는 것을 찾아 냈다.

트왈라가 자신의 옆구리 옆에 전투용 도끼와 방패를 끼고 동료라고는 단 한 명의 노파와 함께 앉아 있는 것을 보는 것은 서글픈 광경이었다. 단

한 명의 병사도, 단 한 명의 신하도, 단 한 명의 아내도 트왈라의 운명을 함께 나누려고 남아 있지 않았다.

마을 입구를 지나 열을 지어 우리는 트왈라가 앉아 있는 탁 트인 공간을 가로질러 행군했다. 우리가 가까이 다가가자 트왈라가 자신의 한쪽 눈을 성공을 거둔 그의 맞수, 그러니까 이그노시에게 고정시켰다.

"국왕 폐하 만세!" 트왈라가 냉담하게 말했다. "내 군대를 물리치기 위하여 백인의 마법을 사용했군! 이제 나에게 무슨 짓을 할 계획인가, 폐하?"

"당신이 내 아버지에 한 것과 같은 일이다!" 이그노시가 대답했다.

"좋아. 내가 죽음을 맞는 방법을 보여 주마. 나는 죽을 준비는 되어 있지만 싸우다가 죽고 싶다."

p.187 "그렇다면 너는 결투를 하게 될 것이다. 누구와 싸우기를 원하는가? 나는 너와 싸울 수 없다. 왕은 오로지 전쟁에서만 싸우는 것이 관례이기 때문이다."

"뭐라고 말할 텐가, 백인이여?" 트왈라가 헨리 경에게 몸을 돌리며 말했다. "우리가 오늘 시작한 것을 우리가 끝내 볼까, 아니면 내가 너를 겁쟁이라고 부를까?"

불행하게도 헨리 경은 이 말의 마지막 부분을 알아들었고, 헨리 경의 뺨은 붉어졌다.

"나는 저 사람과 싸우겠소." 헨리 경이 말했다. "그는 내가 겁쟁이인지 아닌지 알게 될 것이오."

헨리 경은 앞으로 나서서 자신의 도끼를 들어 올렸다.

"싸우지 마십시오, 나의 백인 형제여." 이그노시가 애정을 담아 자신의 손을 헨리 경의 팔에 올려놓으며 말했다. "당신은 오늘 충분히 싸웠습니다. 그리고 당신이 죽기라도 한다면 제 마음은 찢어질 것입니다."

p.188 "나는 트왈라와 싸우겠소, 이그노시." 헨리 경이 말했다.

"좋습니다, 주인님. 당신은 용감한 분이십니다. 굉장한 싸움이 될 것입니다. 트왈라, 이분은 너를 맞을 준비가 되어 있으시다."

트왈라는 야비하게 웃으며 앞으로 나섰다. 그런 다음 헨리 경과 트왈라는 전투용 도끼를 든 채 서로의 주위를 원을 그리며 돌기 시작했다.

갑자기 헨리 경이 앞으로 튀어나와 트왈라에게 무시무시한 일격을 가했고, 그는 옆으로 비켜섰다. 그런 다음 공중에서 자신의 육중한 전투용 도끼를 빙빙 돌리다가 트왈라가 어마어마한 힘으로 도끼를 내리쳤다. 그러자 재빨리 왼팔을 위로 올리는 동작으로, 헨리 경은 그 자신과 도끼 사이에 자신의 방패를 끼워 넣었다. 다음 순간 헨리 경은 두 번째 강타를 가했고, 그 역시 트왈라가 방패로 받아 냈다.

p.189 계속된 일격이 이러한 방식으로 교환되었다. 흥분은 더욱 고조되었다. 싸움을 지켜보고 있던 병사들은 규율을 잊고 매 일격마다 소리치고 끄응 신음 소리를 내며 가까이 다가갔다.

잠시 후, 새로운 일격을 자신의 방패로 막아낸 헨리 경이 온 힘을 다해 도끼를 내리쳤다. 그 일격은 트왈라의 방패를 쪼개고 방패 뒤에 있는 쇠사슬 갑옷 뚫고 그의 어깨를 깊이 베었다. 고통과 분노의 고함을 지르면서 트왈라는 온 힘을 다해 응수했고, 헨리 경의 얼굴에 상처를 내었다.

이 일격은 헨리 경을 난폭하게 땅에 쓰러뜨렸다. 그러나 넘어지면서 헨리 경은 트왈라의 등 뒤쪽을 향해 굴러갔고, 눈 깜짝할 사이에 다시 일어났다. p.190 우리가 응원할 시간을 갖거나 트왈라가 몸을 돌리기도 전에 헨리 경은 전투용 도끼를 수평으로 휘둘렀다. 트왈라의 머리는 그의 어깨로부터 튕겨올랐다. 그런 다음 그것은 땅에 떨어져 이그노시를 향해 굴러갔고, 그의 발치에서 딱 멈추었다.

잠시 동안 시체는 피를 허공으로 분무처럼 뿜어 내며 똑바로 서 있었다. 그런 다음 둔탁한 쿵 소리와 함께 땅에 쓰러졌고, 그의 목에서 금목걸이가 굴러 나왔다. 잠시 동안 헨리 경은 가만히 그리고 조용하게 서 있다가 그런 다음에는 트왈라의 머리 쪽으로 걸어갔다. 헨리 경은 죽은 머리에서 다이아몬드 왕관을 집어 그것을 이그노시에게 건넸다.

"왕관을 받으시오." 헨리 경이 말했다. "당신은 쿠쿠아나족의 정당한 왕이시오."

이그노시는 머리에 왕관을 썼다.

"이제 우리의 반란이 승리를 거두었다." 이그노시가 말했다. "아침에 압제자들은 일어나 기지개를 켰다. 그들은 자부심을 느끼며 웃었지만 우리는 그들을 이겼다. p.191 아침에 일어났던 그 강력한 자들은 지금 어디에 있는가? 나의 백성들이여, 기뻐하라!"

어두운 곳에 모여 있던 군중들 속에서 저음의 대답이 돌아왔다.

"당신이 왕이십니다!"

굿 대령, 병들다

p.192 싸움이 끝난 후, 굿 대령은 부축을 받아 트왈라의 오두막 안으로 들어갔고, 헨리 경과 나는 그와 합류했다. 헨리 경과 굿 대령은 둘 다 완전히 지치고 말았다. 나로 말하자면, 나는 아주 강인하고 대부분의 사람들보다 피로를 잘 견딜 수 있다. 하지만 그날 밤 나는 몹시 기진맥진했고, 기진맥진할 때면 항상 그러하듯이 사자가 나에게 준 옛 상처가 쑤시기 시작했다. p.193 나는 또한 여전히 그날 일찍이 나를 인사불성이 되도록 쓰러뜨렸던 머리에 가해진 일격으로 고생하고 있다. 전체적으로 볼 때, 우리는 비참한 3인조였다.

우리가 목숨을 구해 준 이후로 파울라타는 우리의 하녀처럼, 그리고 특히 굿 대령의 하녀처럼 행동했다. 파울라타는 우리가 쇠사슬 갑옷 셔츠를 벗는 것을 도와주었다. 내가 예상한 대로, 우리는 갑옷 아래쪽에 있는 살이 몹시 멍이 들어 있는 것을 발견했다. 실제로 헨리 경과 굿 대령은 둘 다 완전히 멍투성이였다. 나는 몇 군데만 멍이 들어 있었다. 치료약으로 파울라타는 우리에게 가루로 만들어진 초록 잎들을 가져왔고, 그것이 고약 형태로 발라졌을 때 우리에게 상당한 위안이 되어 주었다.

굿 대령은 또한 왼쪽 다리에 구멍이 났는데, 그곳에서 상당한 양의 피를 흘린 터였다. p.194 헨리 경은 턱에 깊이 베인 상처가 있었다. 다행히도 굿 대령은 괜찮은 외과 의사였고, 그리하여 그럭저럭 먼저 헨리 경의 상처를, 그런 다음 자기 자신의 상처를 꽤 잘 꿰맸다. 그 후에, 굿 대령은 손수건의 남은 부분으로 그 상처를 싸매기 전에 약간의 소독 연고를 상처들에 발랐다.

먹을 것을 약간 먹은 후, 우리는 모두 예전에 트왈라의 오두막이었던 곳에서 잠이 들었다. 자정 무렵, 나는 우리 뒤에서 들려오는 길고, 귀청을 찢는 듯한 울부짖는 소리에 잠에서 깨었다. 머지않아 나는 그 소리가 죽은 왕 트왈라를 애도하는 가굴로부터 나온 것임을 알았다.

아침에 나는 굿 대령에게 고열이 난다는 것을 알아차렸다. 그러고 나서 굿 대령은 제정신을 점점 차리지 못하다가 마침내 피를 토하기 시작했다. 한편 헨리 경은 얼굴에 있는 상처에도 불구하고 꽤 기운이 샘솟는 듯했다.

p.195 아침 늦게 우리는 이그노시의 짧은 방문을 받았다.

"국왕 폐하 만세!" 내가 일어나며 소리쳤다.

"그래요, 주인님. 여러분 세 분의 정의의 손 덕분에 마침내 제가 왕이 되었습니다."

이그노시는 전투의 여파가 잘 처리되었고, 백성들에게 자신을 드러내기 위하여 2주라는 시간 동안 성대한 잔치를 마련하기를 희망한다고 알렸다. 나는 가굴을 어떻게 처리하기로 결정했는지 물었다.

"가굴은 이 땅의 모든 나쁜 것들의 배후에 있는 악한 자입니다." 이그노시가 대답했다. "가굴은 모든 마녀 의사들과 함께 죽임을 당해야 합니다!"

"하지만 가굴은 다이아몬드가 어디에 있는지 알고 있는 유일한 사람이네. 자네의 약속을 잊지 말게, 이그노시. p.196 자네는 우리를 광산으로 데려다 줘야 해. 비록 우리가 그 광산을 찾을 때까지 가굴을 살려두어야 한다고 해도 말일세."

"저는 제 약속을 지킬 것입니다, 주인님. 그 문제는 곰곰이 생각해 보겠습니다."

이그노시의 방문 후, 나는 굿 대령을 보러 갔고, 대령이 의식이 혼미하여 몹시 횡설수설 하는 것을 발견했다. 열과 내상이 그 가엾은 사람에게 큰 타격을 주었던 것이었다. 나흘인가 닷새 동안 굿 대령의 상태는 악화되었다. 파울라타의 진심에서 우러난 병구완이 없었더라면, 그는 분명히 죽었을 것이라고 나는 생각한다.

이틀이 더 지난 후, 굿 대령은 회복되기 시작했다. 굿 대령이 거의 회복되자마자 헨리 경은 그에게 모든 것이 파울라타 덕분이며, 그녀가 어떻게 하루에 18시간 동안 그의 곁을 지키고 앉아 있었는지 말해 주었다.

일주일 후, 잔칫날이자 이그노시가 왕으로 정식 승인을 받은 밤에 이그노시가 우리에게 왔다.

"나의 친구들이여, 제가 이것을 발견했습니다." 이그노시가 말했다. p.197 "침묵의 신들이라고 불리는 세 개의 산이 있습니다. 그 산들은 트왈라가 처녀 파울라타를 제물로 바치고자 했던 산입니다. 그리고 이 땅의 왕들이 묻혀 있는 산 속 깊은 곳에는 커다란 동굴이 하나 있습니다. 그곳에서 여러분은 앞서 죽은 왕들과 함께 앉아 있는 트왈라의 시신을 발견하게 될 것입니다. 그곳에는 또한 깊은 구덩이가 있는데, 그것은 제가 당신들 백인들이 파는 것을 본 적이 있는 광산들처럼 보입니다. 그곳 죽음의 궁전에는 비밀의 방이 하나 있습니다. 저는 여러분이 찾는 그 돌들이 그곳, 그 방에 있는 것이 아닐까 하는 생각이 듭니다. 선왕들과 가굴만이 그것이 어디에 있는지 압니다. 하지만 트왈라는 이제 죽었지요."

"그래서 다음에는 어떻게 할지 결정했소?" 내가 걱정스럽게 물었다.

네, 내일 자신의 목숨을 앗아가지 않는 것에 대한 대가로 가굴이 여러분 세 분, 그리고 인파두스와 파울라타를 비밀의 방으로 데려갈 것입니다."

죽음의 장소

p.199 사흘 동안의 도보 여행 후에, 우리는 쿠쿠아나 사람들이 침묵의 신들이라고 부르는 곳에 도착했다. 가까이 다가갔을 때, 우리는 그것들이 거대한 조각상들이거나 그와 같은 종류의 것임을 알아차렸다. 하지만 우리는 그 산들에 아주 가까이 다가가서야 비로소 이들 침묵의 신들의 웅장함을 완벽히 인지했다.

p.200 거대한 짙은 색의 암석 받침대 위에 세 개의 어마어마한 좌상들이 있었다. 두 개의 남자 좌상과 한 개의 여자 좌상이 있었는데, 각각은 머리의 왕관에서부터 받침대까지 약 30피트 정도로 측정되었다.

우리가 이 예사롭지 않은 유물들을 조사하는 것을 마치기 전에 인파두스가 나타났다. 창을 들어 침묵의 신들에게 인사한 후, 인파두스는 우리에게 지금 당장 '죽음의 장소'로 들어갈 작정인지 물었다. 우리는 즉시 갈 것이라고 말했다. 거상들의 뒤에서 약 50보 떨어진 거리에 깎아지른 듯한 바위 벽이 솟아 있었다. 그 벽의 맨 아래쪽에는 광산 입구처럼 보이는 견고한 아치형의 좁은 문이 있었다.

"저는 여기서 기다리겠습니다." 인파두스가 말했다. "그것은 신성한 장소이며, 왕들을 제외하면 어떠한 쿠쿠아나족도 들어가는 것이 허락되어 있지 않습니다."

p.201 가굴이 우리를 안으로 안내했고, 우리는 어둡고 좁은 통로를 약 50보 정도 걸어갔다. 그런 다음 천천히 그러나 확실히, 우리는 그 통로가 점점 더 희미한 빛을 내며 밝아지고 있다는 것을 감지했다. 잠시 후, 우리는 아마도 살아 있는 사람의 눈으로 본 중에서 가장 근사한 장소에 있었다.

여러분이 안에 들어가 서 있는 가장 큰 대성당인데, 실제로 창문은 없지만 어느 정도 위쪽에서 어두침침하지만 빛이 비치는 홀을 상상해 보라. 지붕은 우리 머리 높이보다 100피트 위에서 아치를 그리고 있었다. 나를 가장 놀라게 한 것은 그 장소의 크기가 아니라 얼음처럼 생긴 그러나 실제로는 거대한 종유석인 어마어마한 기둥들이었다.

이 광대하고 고요한 동굴의 아름다움에 빠져들 시간을 갖기도 전에, 가굴은 우리를 또 다른 출구로 안내했다.

p.202 "죽음의 장소에 들어갈 준비가 되었나, 백인들이여?" 가굴이 사악한 미소를 지으며 물었다.

우리는 고개를 끄덕였고 아래쪽의 또 다른 통로로 안내되어 음침한 방으로 들어갔다. 그곳은 길이 약 40피트, 폭 30피트, 그리고 높이가 30피트 정도 되었다. 방 한가운데에는 긴 탁자가 있었다. 우리의 눈이 어스레한 빛에 익숙해졌을 때, 우리는 오싹한 광경을 보았다. 긴 돌 탁자 끝에 뼈만 남은 손가락으로 흰색의 커다란 창을 쥔 채, 죽음의 신, 바로 그가 앉아 있었다. 죽음의 신은 높이가 15피트쯤 되는 커다란 인간의 해골 형태를 취하고 있었다.

"저것들이 뭐지?" 굿 대령이 식탁을 둘러싸고 있는 흰 형상들을 가리키며 물었다.

"그리고 도대체 저것은 무엇인가요?" 헨리 경이 식탁에 앉아 있는 갈색 존재를 가리키며 물었다.

p.203 헨리 경은 더 자세히 보려고 다가갔고, 비명과 함께 뒤로 물러나기 시작했다. 갈색의 존재는 쿠쿠아나족의 선왕 트왈라의 시체였다. 그랬다. 머리가 무릎 위에 놓인 채, 트왈라의 시체는 완전히 추한 모습으로 그곳에 앉아 있었다. 그리고 식탁 주위에 앉아 있는 흰색의 형상들 또한 인간의 몸, 아니 한때는 인간이었다가 지금은 종유석이 되어 있었다. 이는 쿠쿠아나족 사람들이 자신들의 왕족을 보존해 왔던 방법이었다. 그들은 왕족들을 돌로 만들었던 것이었다.

솔로몬 왕의 보물 창고

p.204 "자, 가굴, 우리를 방으로 안내해라." 내가 말했다.

"두렵지 않은가?" 가굴이 말했다. "계속 가고 싶은 것이 확실한가?"

"두렵지 않다." 나는 거짓말을 했다. "가자."

가굴은 위대한 죽음의 신 뒤로 절뚝거리며 걸어갔다.

p.205 "여기 방이 있다." 가굴이 말했다. "등불을 밝히고 들어가도록

해라."

우리는 등불을 밝히고 출입구를 찾아보았으나, 단단한 바위 외에는 우리 앞에 아무것도 없었다.

"입구가 저기에 있다, 신령님들아. 하! 하! 하!" 가굴이 말했다.

"우리와 장난치지 마라!" 내가 엄하게 말했다.

"나는 장난을 치고 있는 게 아니다, 신령님들아. 보라!" 가굴이 바위를 가리키며 말했다.

가굴이 그렇게 할 때, 우리는 돌덩이가 바닥에서 천천히 솟아올라 위에서 나온 바위 안으로 사라지고 있는 것을 보았다. 돌덩이를 받기 위해 준비된 움푹한 곳이 있는 것이 분명했다. 돌덩이는 커다란 문의 넓이 만했는데, 높이는 약 10피트, 폭은 적어도 5피트는 되었다. 무게는 최소한 20~30톤은 됐음에 분명했다. 그것은 분명히 어떤 간단한 평형추의 균형 원리에 의해 움직여졌다. p.206 그것이 어떻게 움직이게 설치되었는지는, 물론 우리 중 아무도 보지 못했다. 가굴은 그것을 감추는 데 조심하였다. 하지만 나는 비밀 지점에 압력을 받아 아주 쉽게 움직이는 어떤 아주 단순한 지렛대가 있다는 것을 조금도 의심하지 않았다.

마침내 완전히 사라질 때까지 그 거대한 돌은 아주 서서히 그리고 살살 들어 올려졌고, 우리는 땅에서 캄캄한 구멍을 찾아 냈다. 나는 흥분으로 전율하기 시작했다. 우리가 마침내 솔로몬 왕의 보물 창고를 발견했단 말인가?

"들어와라, 별에서 온 백인들아." 가굴이 말했다. 가굴은 출입문을 통과해 절뚝거리며 걸어갔고, 우리는 그녀를 따라 안으로 들어갔다.

어두운 통로를 몇 야드 내려가자 내내 엄청난 공포와 동요 상태에 있던 파울라타는 어지러워서 더 이상 못 가겠다고 말했다. 그리하여 우리는 파울라타를 앉히고 어지럼증을 회복하도록 남겨 두었다.

p.207 열다섯 걸음을 더 간 후에 우리는 공들여 채색되어 있는 나무문에 도착했다. 그 문은 활짝 열려 있었다. 우리는 조심조심 안으로 들어갔다.

처음에 등불에 의해 밝혀진 다소 희미한 빛이 드러낸 것은 바위 바깥에 새겨 만든 방이었고, 겉으로 보기에는 10평방피트를 넘지 않았다. 방의 다른 한쪽에는 적어도 500개의 코끼리 엄니 수집품이 있었다. 그것은 한 사람을 평생 부유하게 만들어 주기에 충분한 상아였다.

방의 반대쪽에는 약 24개의 나무 상자가 있었다. 그것들은 커다란 탄

약 상자처럼 보였으며, 빨간색으로 칠해져 있었다.

"저것들은 다이아몬드임이 분명해요." 내가 소리쳤다. "불을 가져오세요."

p.208 헨리 경이 불을 가져와 그것을 상자 맨 위에 가까이 들이댔다. 나는 뚜껑을 열고 그것이 고대 히브리 문자처럼 생긴 것이 찍혀 있는 금화들로 가득 차 있다는 것을 발견했다.

"아!" 내가 말했다. "적어도 우리가 빈손으로 돌아가지는 않겠네요."

"다이아몬드를 찾고 싶다면 캄캄한 구석으로 가서 들여다보아라." 가굴이 말했다. "그곳에서 세 개의 돌로 만든 상자들을 발견하게 될 텐데, 둘은 봉인되어 있고 하나는 열려 있을 것이오."

"저 구석을 들여다보십시오, 커티스 경." 내가 가굴이 가리킨 장소를 가리키며 말했다.

"맙소사!" 헨리 경이 소리쳤다.

우리는 헨리 경이 서 있는 곳으로 급히 달려가서 세 개의 상자들을 찾았는데, 각각은 대략 2평방피트 정도 넓이였다. 두 개의 상자는 돌 뚜껑으로 끼워 맞춰져 있었고, 세 번째 뚜껑은 상자 옆에 기대어 놓여 있었다.

"보십시오!" 헨리 경이 등불을 뚜껑이 열려 있는 상자 위로 갖다 대며 소리쳤다. 우리는 바라보았다. p.209 상자는 다이아몬드 원석으로 가득 차 있었는데, 그것들 중 대부분은 상당한 크기였다. 나는 몇 개를 집어 올렸다. 그에 관해서는 의심의 여지가 없었다. 이것들은 다이아몬드였다!

그것들을 떨어뜨리며 나는 크게 헉 소리를 내며 숨을 멈추었다.

"우리는 전 세계에서 가장 부자들입니다!" 내가 말했다.

"우리는 시장에 다이아몬드 홍수를 들게 할 겁니다." 굿 대령이 말했다.

우리는 등불을 가운데 두고 희미하게 빛나는 보석들을 아래쪽에 둔 채 창백한 얼굴로 가만히 서서 서로를 바라보았다. 우리는 우리가 세상에서 가장 운이 좋은 사람들이라고 생각했기 때문에 그러한 사람들 대신 막 범죄를 저지르려는 공범들처럼 바라본 것이 분명했다.

하지만 우리가 그 축적되어 있는 보물에 감탄하느라 알아채지 못한 것은 가굴이 뱀처럼 보물 창고를 살금살금 나가 단단한 바위 문을 향해 통로로 내려갔다는 것이었다.

p.210 우리의 멍한 상태는 위쪽에서 들리는 날카로운 고함 소리에 의해 중단되었다. 그것은 파울라타의 목소리였다!

"살려 주세요! 돌이 떨어지고 있어요!" 파울라타가 소리쳤다.

"가 봅시다!" 굿 대령이 소리쳤다. "가서 도와줍시다!"

"살려 주세요! 살려 주세요! 그 여자가 저를 찔렀어요!"

이때쯤 우리는 통로를 달려서 내려가고 있었고, 이것이 우리가 본 것이다. 바위문은 바닥으로부터 3피트 높이였는데 아주 천천히 닫히고 있었다. 그 가까이에서 파울라타와 가굴이 싸우고 있었다. 파울라타는 피투성이였으나, 여전히 그 용감한 처녀는 살쾡이처럼 싸우고 있는 늙은 마녀를 붙들고 있었다. 가굴은 마침내 자유로워졌고 땅 위로 몸을 던진 다음 닫히고 있는 돌의 갈라진 틈으로 뱀처럼 몸을 뒤틀었다. 하지만 가굴이 미처 도망을 칠 수 있기 전에 돌이 그녀 위로 떨어졌고, 그녀는 고통으로 비명을 질렀다. p.211 가굴은 계속 비명을 질렀고, 그런 다음 우두둑하고 부서지는 소름 끼치는 소리가 났다.

우리는 파울라타에게 서둘러 달려갔다. 그 가엾은 처녀는 칼로 배를 찔렸고, 나는 그녀가 오래 살지 못할 것임을 알았다.

"주인님, 제 목숨을 구해 주신 이분께 제가 그분을 사랑한다고 말씀드려 주십시오." 굿 대령이 그녀의 떨리는 팔을 잡고 있을 때, 파울라타가 말했다. 내가 통역을 다 마치기도 전에 파울라타는 죽었다.

"그녀가 죽었어! 그녀가 죽고 말았어!" 굿 대령이 얼굴에 눈물을 뚝뚝 흘리며 중얼거렸다.

"그 일로 너무 많이 괴로워하지 마십시오, 친구여." 헨리 경이 말했다.

"무슨 소리인가!" 굿 대령이 말했다. "그게 무슨 뜻인가?"

"모르시겠습니까? 우리는 산 채로 묻혔고 대령님은 곧 그녀와 함께할 것입니다!"

p.212 잠시 동안 우리는 겁에 질린 채 서 있었다. 우리는 이제 모든 상황을 파악했다. 이것이 처음부터 가굴의 계획이었던 것이었다.

"등불이 곧 꺼질 것입니다." 헨리 경이 말했다. "바위를 움직이는 스위치를 찾을 수 있는지 알아봅시다."

우리는 필사적으로 문의 위아래와 통로의 측면들을 더듬기 시작했다. 하지만 어떠한 손잡이도 용수철도 발견되지 않았다.

"이 문은 안에서 작동하지 않습니다." 내가 말했다. "작동한다면 가굴이 그 돌 아래로 기어나가려고 애쓰며 위험을 무릅쓰지 않았을 것입니다."

우리는 몸을 돌려 가엾은 파울라타가 가지고 온 음식 바구니를 가지고 보물 창고로 되돌아갔다. 그런 다음 굿 대령과 나는 돌아와서 경건하게 파울라타의 시신을 옮겨 동전 상자 옆 바닥에 두었다.

우리는 우리가 가지고 있는 약간의 음식을 바라보았다. 그것은 우리가 2~3일 정도 목숨을 부지하기에는 충분할 것이었다. p.213 육포 외에도 물이 두 통 있었다.

"자, 먹고 마십시다. 내일이면 죽게 될 테니까요." 헨리 경이 침울하게 말했다.

우리는 각자 소량의 육포를 먹었고, 물을 한 모금씩 마셨다. 말할 필요도 없이, 우리는 식욕이 거의 없었다. 그런 다음 우리는 일어나서 약간의 탈출 수단을 찾아 보겠다는 실낱 같은 희망을 품고 우리 감옥의 벽을 조사했다. 그러한 노력은 헛수고였다.

등불은 어두침침해지기 시작했다.

"쿼터메인 씨, 몇 시입니까?" 헨리 경이 물었다.

나는 나의 회중시계를 꺼내어 그것을 바라보았다. 6시였다. 우리는 11시에 동굴에 들어왔다.

"인파두스가 와서 우리를 찾을 것입니다." 내가 말했다. p.214 "만약 우리가 오늘 밤에 돌아가지 않으면, 아침에 우리를 찾으려고 수색할 것입니다."

"하지만 인파두스는 문의 비밀을 모릅니다." 헨리 경이 말했다. "가굴이 오늘날까지 그 비밀을 알고 있던 유일한 사람이었어요. 그리고 이제 그것을 아는 유일한 사람들은 솔로몬 왕의 방 안에 갇혀 있습니다. 그리고 며칠 지나면 세상의 그 누구도 그것을 모를 것입니다."

등불은 점점 침침해지다가 불꽃이 잦아들더니 꺼졌다.

희망을 포기하다

p.215 나는 그 방에서의 우리의 첫날 밤의 공포에 대해 적당히 묘사를 할 수가 없다. 몇 시간 동안의 침묵과 어둠이 내린 후에, 전체적인 상황에 대한 아이러니가 나에게 분명해지기 시작했다. p.216 우리 주변에는 한 나라의 부채를 상환하기에도 충분한 보물이 있었으나, 우리는 그것들을 가장 가능성이 희박한 탈출 기회와도 아주 기꺼이 물물 교환할 터였다.

"굿 대령님, 성냥갑 안에 성냥이 몇 개나 있습니까?" 별안간 헨리 경이 물었다.

"여덟 개네."

"시간을 볼 수 있게 한 개만 불을 붙여 주세요."

굿 대령은 그렇게 했고, 어둠과 대조를 이루어 불꽃이 우리의 눈을 거의 보이지 않게 했다. 내 시계에 의하면 그때는 새벽 5시였다.

"우리의 체력을 유지하려면 우리는 무언가 먹어야 합니다." 내가 제안했다.

우리는 먹고 물을 약간 마셨으며, 어느 정도의 시간이 지나갔다. 우리는 잠이 들었다가 수차례 깨어났다. 나중에 그 방 안에 있은 지 사흘째 밤으로 밝혀진 날에, 한 가지 생각이 나에게 떠올랐다.

p.217 "이곳의 공기가 어떻게 신선하게 유지되는 걸까요?" 내가 말했다. "공기가 텁텁하고 무겁지만, 흠잡을 데 없이 신선합니다."

"맙소사!" 굿 대령이 말했다. "우리가 어떻게 진작 그 생각을 못했을까요? 밀폐되었기 때문에 공기는 돌문을 통과하지 못합니다. 하지만 공기는 어디에선가로부터 들어오는 것이 분명해요. 한번 살펴봅시다."

다음 순간 우리는 틈새 바람의 가장 미미한 흔적이라도 느껴 보려고 모두 손과 무릎으로 주변을 더듬었다.

"여기로 오십시오." 상당 시간 동안 더듬거리며 다닌 것이 틀림없었던 그 후에 굿 대령이 말했다.

우리는 재빨리 굿 대령 쪽으로 움직였다.

"쿼터메인, 내 손이 있는 이곳에 손을 대 보시오. 뭔가가 느껴집니까?"

"찬 공기가 나오는 것이 느껴지는 것 같군요."

p.218 떨리는 손으로 나는 성냥을 켰다. 처음에 우리는 주변을 둘러보고 우리가 방의 구석들 중 한 곳에 있다는 것을 알았다. 그런 다음 우리는 바닥을 살펴보았고, 아주 기쁘게도 돌 고리를 발견했다. 다른 말은 하지 않고 헨리 경은 그것을 세워 온 힘을 다해 잡아당겼다. 갑자기 삐거덕거리는 소리가 났고, 그런 다음 공기가 쏟아져 들어왔다. 그리고 우리 앞에는 돌계단의 첫 번째 디딤대가 있었다!

우리는 기뻐하고 서로를 껴안았다. 음식과 물 중 남은 것과 각자 몇 주머니의 다이아몬드를 챙긴 후, 그리고 굿 대령이 차가운 파울라타의 시신에 작별을 고한 후, 우리는 우리가 방금 찾아낸 출입구로 기어 돌아왔다.

"천천히 하세요, 제가 먼저 가겠습니다." 헨리 경이 말했다.

내려가면서 헨리 경은 계단의 수를 세었다. '열다섯'까지 도달했을 때 헨리 경은 멈춰 섰다.

p.219 "천만다행입니다!" 헨리 경이 말했다. "제 생각에는 여기가 통로인 것 같습니다. 안전해요. 내려오십시오."

굿 대령이 다음에 갔고, 내가 마지막으로 갔다. 바닥에 도착하자마자 나는 두 대 남은 성냥 중 하나를 켰다. 그 불빛으로 우리는 우리가 폭이 좁은 터널에 서 있다는 것을 알 수 있었다. 우리가 더 이상 알아보기도 전에, 성냥은 내 손가락을 데게 하고 꺼졌다. 우리는 이제 어느 길로 가야 할지 결정해야 했다. 물론 그것이 어떤 터널인지, 혹은 어느 곳으로 이어져 있는지 아는 것은 불가능했다. 그러나 한쪽 길로 방향을 틀면 안전한 곳에 이르고 다른 쪽 길은 파멸에 이를지도 몰랐다. 우리는 완전히 어찌할 바를 몰랐다. 그때 갑자기 굿 대령에게 내가 성냥을 켰을 때 통로의 틈새 바람이 불꽃을 왼쪽으로 일게 했다는 생각이 떠올랐다.

"틈새 바람을 거슬러 갑시다." 굿 대령이 말했다. p.220 "공기는 밖을 향해서가 아니라 안쪽을 향해서 바람을 통하게 합니다."

우리는 이 제안을 받아들였다. 손으로 벽을 더듬으며, 우리는 출구를 찾는 탐색을 하면서 그 저주받은 보물 창고에서 떠났다. 만약 다른 사람이 이곳에 다시 들어오게 된다면, 그 사람은 열려 있는 보석 상자, 텅 빈 램프, 그리고 가엾은 파울라타의 흰 뼈에서 우리의 방문 증거를 발견하게 될 것이다.

통로를 따라 약 15분 정도 더듬어 나갔을 때, 갑자기 길이 급격한 회전을 하거나 그렇지 않으면 다른 길로 갈라졌다. 우리는 새로운 통로를 따라 갔다. 그리고 그렇게 몇 시간 동안 계속 갔다. 우리는 미지의 장소로 이어지는 돌로 만든 미궁 안에 있는 것 같았다. 우리는 그것들이 고대의 광산 작업장이 분명하다고 생각했다.

피로로 완전히 지쳐서 마침내 우리는 멈춰 섰다. 우리는 얼마 남지 않은 우리의 육포 조각들을 먹어 치우고 마지막 물 한 모금을 마셨다. 우리는 보물 창고의 어둠 속에서 죽음의 신을 피했으나 통로의 어둠 속에서 죽음의 신을 만난 것 같았다.

p.221 우리가 희미한 빛을 발견하기 전보다 훨씬 더 의기소침해져서 서 있을 때, 나는 어떤 소리가 들렸다고 생각했다. 나는 다른 사람들의 주의를 불러 일으켰다. 그것은 아주 희미하고 아주 멀리서 났으나, 우리는 명

확히 그 소리를 들을 수 있었다. 그것은 희미하고, 속삭이는 소리였다. 어떠한 말도 그 완전히 끔찍한 정적이 이어진 후 소리가 주는 행복을 묘사할 수는 없을 것이다.

"맙소사! 흐르는 물이군요." 굿 대령이 말했다. "갑시다."

그 희미한 졸졸거리는 소리가 나오는 듯한 방향으로 우리는 다시 출발했다. 우리가 다가갈수록 그 소리는 점점 더 잘 들렸고, 마침내 그것은 아주 큰 소리 같았다. p.222 우리는 계속해서 나아갔고 이제 흐르는 물의 틀림없는 소용돌이를 뚜렷하게 분간할 수 있었다. 그런데 땅의 내부에 어떻게 흐르는 물이 있을 수 있단 말인가? 우리는 그 물에 아주 가까운 곳에 있었고, 이제 앞장서고 있던 굿 대령은 자신이 그 냄새를 맡을 수 있다고 보증했다.

"천천히 가십시오, 굿 대령님." 헨리 경이 말했다. "우리는 가까이 있는 것이 분명합니다."

첨벙! 그런 다음 굿 대령의 비명이 들려왔다.

굿 대령이 물에 빠진 것이었다.

"굿 대령님! 굿 대령님! 어디에 있는 거예요?" 우리가 공포에 떨며 소리쳤다. 천만다행으로 대답이 들려왔다.

"괜찮아요." 굿 대령이 말했다. "나는 바위를 붙잡았습니다. 성냥을 켜고 여러분이 어디에 있는지 보여 주세요."

서둘러서 나는 마지막으로 남아 있는 성냥을 켰다. 그 희미한 빛이 우리에게 우리의 발치에서 흐르는 검은 물을 드러내었다. 그것이 얼마나 넓은지 우리는 알아낼 수 없었다. p.223 하지만 조금 떨어진 곳에 우리 일행의 검은 형체가 볼록 솟아 있는 바위에 매달려 있었다.

"나에게 손을 뻗어 주세요." 굿 대령이 말했다. "나는 헤엄쳐서 건너가야 할 거예요."

그런 다음 우리는 첨벙 소리와 커다란 몸부림 소리를 들었다. 잠시 후, 굿 대령은 헨리 경이 쭉 내밀어 준 손을 잡았고, 우리는 그를 물 밖으로 끌어올려 터널 안으로 당겼다.

"물이 아주 깊어서 바닥을 느낄 수가 없더군요." 굿 대령이 헐떡거리면서 말했다. "내가 가까스로 바위를 잡지 못하고 수영을 할 줄 몰랐다면, 나는 분명히 익사했을 것입니다."

우리는 어둠 속에서 다시 강물에 빠질까 두려워서 감히 지하의 강둑을 따라 걸으려고 하지 않았다. p.224 그래서 굿 대령이 잠시 휴식을 취한 후, 우리는 물로 배를 채웠는데, 그것은 달콤하고 신선했다. 그런 다음 우리는 이 아프리카 삼도천의 강둑으로부터 길을 떠나서 터널을 따라 우리의 발자취를 되짚어 가기 시작했다. 굿 대령은 우리 앞에서 유쾌하지 못하게 물을 뚝뚝 흘리고 있었다. 마침내 우리는 우리의 오른쪽으로 이어지는 다른 통로에 도착했다.

"우리는 그 길을 택하는 것이 당연합니다." 헨리 경이 지친 듯이 말했다. "모든 통로가 비슷해 보입니다. 쓰러질 때까지 우리는 계속 가는 수밖에 없어요."

천천히, 아주 오랫동안, 우리는 이 새로운 터널을 따라 비틀거리며 걸었다. 이제 헨리 경이 길을 안내하고 있었다.

갑자기 헨리 경이 멈춰 섰고, 우리는 그와 부딪쳤다.

"보세요!" 헨리 경이 속삭였다. "제가 미친 것인가요, 아니면 저것이 빛입니까?"

우리는 통로 아래쪽을 응시했다. 그곳에, 우리 앞쪽으로 멀리 떨어진 곳에 희미하게 반짝이는 곳이 있었다. 그것은 오두막의 창유리보다 크지 않았다. p.225 그것은 너무나 희미한 불빛이어서 우리는 거의 못 알아볼 뻔했다.

희망을 품고 숨을 헐떡이며 우리는 계속 나아갔다. 5분 후에는 더 이상 의심의 여지가 없었다. 그것은 한 조각의 희미한 불빛이었다. 잠시 후에는 시원한 산들바람이 우리에게 부채질을 해 주고 있었다. 우리는 애써 나아갔다. 갑자기 터널이 좁아졌다. 우리는 무릎을 꿇고 기어가기 시작했다. 그러나 터널은 마침내 겨우 커다란 참호 만한 크기가 될 때까지 점점 작아졌다.

헨리 경이 밖으로 나갔고, 굿 대령이 나갔으며, 나도 나갔다. 그리고 우리 머리 위에는 축복 받은 별들이 있었고, 우리의 콧구멍에는 신선한 공기가 들어왔다. 나는 주변을 둘러보고서 우리가 동굴 입구로부터 불과 50보 떨어져 있다는 것을 알았다.

함께 앉아서 기뻐하며 소리칠 때, 우리는 발자국 소리가 우리 뒤에서부터 빠르게 다가오는 것을 들었다. p.226 우리는 천천히 고개를 돌렸고 그것이 인파두스라는 것을 알았다.

"인파두스! 인파두스! 만나서 정말 반갑소!" 헨리 경이 소리쳤다.

"오, 신령님들, 신령님들!" 인파두스가 말했다. "죽은 자들로부터 돌아오셨군요!"

나이 많은 장군은 우리 앞에 몸을 던졌고, 헨리 경의 무릎을 잡고 기뻐서 큰 소리로 엉엉 울었다.

이그노시의 작별 인사

p.227 말할 필요도 없이, 우리는 솔로몬 왕의 보물 창고로 다시는 돌아가지 않았다. 우리는 돌 기계 장치를 작동시키는 스위치를 찾지 못할 것이라고 확신했다. 게다가 비록 우리가 돌을 용케 들어 올린다고 해도, 심지어 무한한 다이아몬드에 대한 희망을 확신한다고 할지라도 우리 중 누가 심하게 훼손된 가굴의 잔해를 넘고 파울라타의 썩어가는 시체를 볼 용기가 있을지 의심스럽다.

p.228 우리가 솔로몬 왕의 보물 창고 안에서의 시련으로부터 회복되었을 때, 우리는 쿠쿠아나 땅을 떠나려는 우리의 의중을 이그노시에게 말하러 갔다.

"이그노시, 그대에게 작별을 고하고, 다시 한 번 우리의 고국을 보러 갈 시간이 왔네." 내가 말했다. "그대는 하인의 자격으로 우리와 함께 왔고, 이제 우리는 전지전능한 왕인 그대를 떠나오. 만약 우리에게 고마움을 느낀다면 한 가지만 약속해 주게. 정당하게 통치하고, 법을 존중하고, 이유 없이 누구도 죽이지 않는다는 것이네. 나는 자네와 자네의 백성들이 번영하기를 바라네. 내일 새벽녘에 우리가 산을 넘을 수 있게 안내해 줄 호송대를 내어주겠나?"

이그노시는 대답하기 전에 한동안 손으로 자신의 얼굴을 감쌌다.

p.229 "마음이 아픕니다." 마침내 이그노시가 말했다. "하지만 제가 저의 땅으로 돌아왔듯이 여러분이 여러분의 땅으로 가야 한다는 것은 충분히 이해합니다. 여러분은 저에게 잘해 주셨습니다, 나의 백인 친구들. 그리고 루의 문은 언제나 여러분을 위해 열려 있다는 것을 기억해 주십시오. 이제 제 눈앞에서 여자의 눈처럼 눈물이 쏟아지기 전에 가십시오. 영원히 안녕히 가십시오, 내 주인님이자 친구들이여."

이그노시는 잠시 우리를 열과 성을 다해 바라보았다. 그런 다음 자신의 표정을 감추려고 우리에게서 몸을 돌렸다.

우리는 말없이 이그노시의 오두막을 떠났다.

우리의 비탄에 잠긴 친구 인파두스와 버팔로 연대원들의 호위를 받으며 우리는 다음날 아침 일찍 루를 떠났다. 마을의 주요 도로에는 많은 사람들이 줄지어 있었다. p.230 우리가 연대의 선두에서 지나갈 때 그들은 우리에게 왕실 가족들에게 하는 인사를 해 주었다. 여자들은 우리가 지나갈 때 꽃을 던지며 트왈라의 나라를 없애준 것에 대하여 우리를 축복해 주었다.

우리가 이동할 때, 인파두스는 우리에게 쿠쿠아나 땅을 사막과 갈라 주고 있는 절벽을 기어 내려갈 수 있는 장소가 있다고 말해 주었다. 우리는 또한 2년여 전에, 쿠쿠아나족 사냥꾼들 일행이 타조들을 찾아 이 길을 내려가 사막으로 들어갔다고 들었다. 인파두스는 그들이 사냥 도중에 크고 비옥한 오아시스를 발견했다고 덧붙였다. 인파두스가 우리에게 돌아갈 길로 제시한 것이 바로 이 오아시스를 통해서였다. 이 생각은 우리에게는 좋은 생각 같았는데, 그것이 산길의 혹독함을 피하도록 해 줄 것이기 때문이었다. 또한 사냥꾼들 중 일부가 우리를 그 오아시스로 안내해 주려고 그곳에 있었다.

여행 나흘째 되던 날 밤에 우리는 쿠쿠아나 땅을 사막과 가르는 산마루에 한 번 더 있게 되었다.

p.231 다음날 새벽에 우리는 크게 갈라진 틈의 가장자리로 안내받았고, 그곳으로 우리는 약 2천 피트 아래의 평원으로 내려갈 예정이었다.

이곳에서 우리는 우리의 친애하는 친구 인파두스와 작별을 고했고, 그는 엄숙하게 우리에게 행운이 깃들기를 빌어 주었다. 우리는 인파두스와 헤어지는 것이 아주 유감스러웠다. 굿 대령은 너무 감동을 받아서 자신의 외알 안경을 인파두스에게 기념품으로 주었다. 인파두스는 그러한 물품을 소유하는 것이 자신의 위신을 엄청나게 올려줄 것이었으므로 기뻐했다.

우리는 인파두스와 악수를 했고 하산을 시작했다. 하산은 아주 힘들었지만, 그날 저녁 그럭저럭 우리는 무사히 산 아래에 있었.

p.232 다음날 아침, 우리는 다섯 명의 길잡이가 운반하는 충분한 물을 가지고 사막을 가로질러 터벅터벅 걸어야 하는 고된 여정에 나섰다. 우리는 그날 밤 공터에서 야영을 했고, 다음날 새벽에 다시 행군을 했다.

사흘째 되던 날 정오쯤에 우리는 오아시스의 나무들을 볼 수 있었다. 해가 지고 나서 한 시간 후, 우리는 풀밭 위를 걸으면서 흐르는 물의 물소리를 듣고 있었다.

발견되다

p.233 그리고 이제 우리는 아마도 우리에게 일어난 가장 이상한 모험에 도달하게 된다.

나는 오아시스에서 흘러나오는 시내의 둑을 따라 조용히 내려가고 있었는데, 그러다 갑자기 걸음을 멈추고 내 눈을 비볐다. p.234 내 앞으로 20야드도 떨어져 있지 않은 곳에 아늑한 오두막이 있었다.

"어떻게 여기에 오두막이 있을 수 있지?" 내가 혼잣말을 했다. 그때 갑자기 오두막 문이 열렸고, 모피를 걸치고 무성한 검은 턱수염을 기른 한 백인 한 명이 절뚝거리며 나왔다.

"여기를 보십시오." 내가 헨리 경과 굿 대령에게 몸짓을 하며 말했다. "저기에 있는 저 사람이 백인인 거죠? 아니면 제가 제정신이 아닌 건가요?"

헨리 경이 바라보았고, 굿 대령이 바라보았는데, 그때 갑자기 그 검은 턱수염을 지닌 백인이 큰 소리를 지르고 우리를 향해 절뚝거리며 걸어왔다. 다가왔을 때, 그는 정신을 잃고 쓰러졌다.

헨리 경이 그의 곁으로 서둘러 달려갔다.

"맙소사!" 헨리 경이 소리쳤다. "이 사람은 제 동생 조지예요!"

이 소동으로 일어난 소음에 모피를 입은 또 다른 남자가 오두막에서 나왔다. 그는 우리를 향해 달려오면서 총을 흔들었다. p.235 나를 보자마자 그 역시 고함을 질렀다.

"쿼터메인 씨, 저를 기억 못 하시겠습니까?" 그가 소리쳤다. "저는 사냥꾼 짐입니다. 저는 제 주인에게 주라며 쿼터메인 씨가 주신 쪽지를 잃어버렸고, 이곳에서 거의 2년 동안 처박혀 있었습니다!" 그리고 그 남자는 내 발치에 쓰러져 데굴데굴 구르며 기쁨의 눈물을 흘렸다.

"이 부주의한 악당 같으니!" 그가 일어나도록 도우며 내가 말했다.

한편 검은 턱수염이 난 남자는 의식을 회복하고 일어났다. 그와 헨리 경은 말은 하지 않고 서로 손을 맞잡고 있었다.

"사랑하는 동생아, 나는 네가 죽었다고 생각했어." 헨리 경이 마침내 말했다. "나는 솔로몬 왕의 산으로 너를 찾으러 갔어. 나는 너를 다시 볼 거라는 희망을 모두 포기했었는데, 지금 네가 사막에 자리 잡고 있는 것을 발견하다니!"

p.236 "나는 거의 2년 전쯤에 솔로몬 왕의 산에 가려고 했어요." 조지 커티스가 주저하며 말했다. "하지만 내가 이곳에 도착했을 때, 바위 하나가 내 발 위로 떨어져서 다리를 뭉갰어요. 나는 많이 움직일 수가 없었지요."

그때 내가 다가갔다.

"안녕하십니까, 네빌 씨?" 내가 말했다. "나를 기억하시겠습니까?"

"물론 기억하지요." 조지가 말했다. "사냥꾼 쿼터메인 씨 아닙니까? 그리고 굿 대령님도 계시네요? 쿼테메인 씨, 저를 조지라고 불러 주세요. 네빌이 제 본명이 아니라는 것을 이제는 아실 테니까요. 잠깐만요, 다시 어질어질하네요."

그날 저녁 모닥불 앞에 있는 동안 조지 커티스는 우리에게 자신의 이야기를 들려주었다. 그 이야기는 우리의 이야기만큼이나 사건투성이었다. 지금으로부터 약 2년이 채 못 된 언젠가 조지는 술리만 산에 도착하려고 시탄다 마을에서 출발했다. p.237 내가 짐 편으로 그에게 보낸 쪽지에 대해 말하자면, 그것은 분실되었고 네빌은 그날까지 그 쪽지에 관해서 전혀 들어 본 적이 없었다. 하지만 원주민들로부터 입수한 정보에 따라 행동하면서, 조지는 시바 여왕의 가슴 쪽으로 가지 않았다. 그 대신 조지는 우리가 방금 내려온 산의 사다리처럼 생긴 내리받이 길로 향했다. 그것은 분명히 호세 실베스트레의 옛 지도에 표시되어 있는 것보다 더 나은 길이었다. 사막에서 조지와 짐은 커다란 고난을 겪었으나 마침내 이 오아시스를 찾았고, 이곳에서 조지 커티스에게 끔찍한 사고가 일어난 것이었다.

그들이 도착한 날 조지는 시냇가에 앉아 있었고, 짐은 자기 위쪽으로 나 있는 둑 꼭대기에 있던 침 없는 벌의 벌집에서 꿀을 추출하고 있었다. 그렇게 하는 도중에 짐은 커다란 바위를 느슨하게 했고, 그 바위는 조지 커티스의 오른쪽 발로 곧장 떨어져 발을 산산조각내고 말았다. p.238 그날부터 조지는 너무 심하게 발을 절어서 몇 발자국 이상 이동하기가 불가능하다는 것을 깨달았다. 결국 조지는 죽음을 맞이할 게 분명한 사막으로 떠나는 대신 오아시스에서 죽을 기회를 갖자고 결정했다.

그러나 음식에 관해 말하자면 네빌과 짐은 아주 잘 지냈다. 그들에게는 상당량의 탄약이 있었다. 그리고 오아시스에는 물을 찾아오는 많은 사냥감들이 뻔질나게 드나들었다. 그들은 이들을 총으로 쏘거나 구덩이에 가두었다. 그들은 살코기는 음식으로 사용하고 가죽은 옷으로 사용했다.

"우리는 몇몇 원주민들이 여기로 와서 우리를 도와 데려가 주기를 바라며 거의 2년 동안 이곳에 살았습니다." 조지 커티스가 말했다. "하지만 아무도 오지 않았죠. 어젯밤 저는 짐에게 저를 떠나 도움을 받기 위해 시탄다 마을에 도달하려고 노력해 봐야 한다고 말했습니다. p.239 짐은 내일 가기로 예정되어 있었으나, 그를 다시 볼 희망은 거의 없었습니다. 그런데 이제 세상의 모든 사람들을 다 놔두고 형님이 저를 구하러 오셨어요. 저는 아주 오랜 전에 형님이 저를 완전히 잊고, 영국에서 편안히 살고 계시다고 생각했습니다. 저는 아직도 형님이 여기 계시다는 것이 믿겨지지 않습니다. 이것은 누구라도 여태껏 들어본 중에서 가장 멋진 일입니다."

그리고 나서 헨리 경이 자기 동생에게 우리의 모험 중 주요한 사실들을 말해 주었고, 그러느라 밤이 깊도록 우리는 뜬눈으로 있었다.

"세상에나!" 내가 다이아몬드 중 일부를 보여주자 조지 커티스가 말했다. "저기, 쿼터메인 씨는 당신의 수고에 대한 대가를 받은 것입니다. 뭐, 최소한 여러분은 쓸모없는 저 외에도 고생한 대가를 얻으셨네요."

p.240 나는 헨리 경에게 그의 동생이 일정한 몫의 다이아몬드를 받아야 한다는 것이 우리의 합의된 바람이라고 말했다. 어찌되었든 간에 조지는 다이아몬드 때문에 우리보다 더 고통을 받았기 때문이었다. 헨리 경은 이러한 합의 사항에 동의했으나, 조지 커티스는 이후 어느 정도 시간이 흐를 때까지 그에 관해 알지 못했다.

여기 이 시점에서, 내 이야기를 끝내야 할 것 같다. 시탄다 마을로 사막을 건너 돌아가는 우리의 여행은 아주 고되었는데, 특히 조지 커티스를 부축해 주어야 했기 때문이었다. 조지의 오른쪽 다리는 정말로 아주 약했고, 계속 쪼개진 뼛조각들이 밖으로 나왔다. 하지만 우리는 용케 사막을 건너는 일을 해 내었다. 그와 관련한 세부사항들을 이야기하는 것은 사막을 횡단한 우리의 첫 번째 여행에서 우리에게 일어난 많은 일을 재현하는 것에 지나지 않을 것이었다.

시탄다 마을에 도착한 날로부터 6개월 후에 우리는 그곳에 우리의 총과 다른 물건들이 아주 안전하게 있다는 것을 발견했다. 우리는 더반 근처 베리아에 있는 작은 거처에 다시 한 번 무사히 도착했는데, 이곳에서 나는 지금 글을 쓰고 있다. p.241 그때 이후 나는 내가 해 본 중에서 가장 이상한 여정 내내 나와 동행했던 모두에게 작별을 고하고 지냈다.

추신: 내가 마지막 단어를 적었을 때, 마침 어떤 카피르 인이 우편으로

보내진 편지를 가지고 왔다. 그것은 헨리 경으로부터 온 것으로 밝혀졌으며, 나는 그 전문을 밝히고자 한다.

1884년 10월 1일
요크셔 브레일리 홀
친애하는 쿼터메인 씨,

조지, 굿 대령님, 그리고 저, 이렇게 우리 셋이 영국에 무사히 도착했다고 알리려고 편지를 보냅니다. 우리는 사우샘프턴에서 배에서 내려 시내로 갔습니다. 바로 그 다음날 굿 대령님이 얼마나 멋쟁이로 변했는지 당신은 보셨어야 합니다. 말끔히 면도를 하고, 장갑처럼 꽉 끼는 프록코트를 입고, 완전히 최신식의 외알 안경을 끼시는 등 말하자면 끝이 없어요.

p.242 굿 대령님과 저는 정리를 하면서 다이아몬드의 가치를 감정해 보았습니다. 저는 그 다이아몬드의 감정가를 말하기가 사실 겁이 납니다. 그것은 정말로 어마어마합니다. 그들은 그것이 물론 다소 추정치에 불과하다고 말합니다. 그러한 원석이 그 정도의 양으로 시장에 나온 적이 없기 때문입니다. 그것들은 최상품이며 여러 모로 최고인 브라질산 원석과 동등한 것으로 보입니다. 저는 그들에게 한 번에 그 다이아몬드들을 살 것인지 물어 보았으나 그들은 그렇게 하는 것은 그들의 능력 밖이라고 말했습니다. 그들은 우리가 그것들을 여러 해 동안 조금씩 팔아야 할 거라고 권고했습니다. 우리가 시장에 다이아몬드 홍수를 들게 하여 가격을 떨어뜨릴지도 모르기 때문이었습니다. 하지만 그들은 다이아몬드들 중 아주 소량에 대하여 18만 파운드를 제안했습니다.

당신은 고국으로 돌아오셔야 합니다, 쿼터메인 씨. **p.243** 굿 대령님으로 말하자면, 그분은 전혀 예전의 그분 같지 않습니다. 면도와 몸치장에 지나치게 많은 시간을 쓰고 계시거든요. 하지만 제 생각에는 굿 대령님이 파울라타 일로 여전히 낙담하고 계신 듯합니다. 굿 대령님은 고국으로 돌아온 이래로 미모와 애정에 있어서 파울라타와 가까운 여자를 본 적이 없다고 말했습니다.

저는 당신이 고국으로 돌아오시면 좋겠습니다, 소중한 오랜 친구여. 그리고 우리 근처에 집을 사셨으면 합니다. 당신은 오랫동안 충분히 일해 오셨고, 이제 많은 돈을 가지고 계십니다. 당신에게 무척 어울리는 집이 아주 가까운 곳에 매물로 나와 있습니다. 당신은 돌아오셔야 합니다. 빠를수록

좋습니다. 이곳에 오시기만 하면 우리의 모험에 관한 이야기의 집필을 끝내실 수 있을 것입니다.

우리는 사람들이 믿지 않을까 봐 우리의 이야기가 당신에 의해 완성되기 전까지는 그 이야기를 말하는 것을 거부해 왔습니다. p.244 이 편지를 받자마자 출발하신다면 크리스마스까지는 이곳에 도착하실 것이며, 당신이 크리스마스에 저희와 함께 머무르시기를 희망합니다. 굿 대령님도 오실 것이고, 조지도 올 것이며, 당신의 아들 해리도 올 것입니다. 저는 당신의 아들을 불러 일주일간 사냥을 했는데, 우리는 아주 잘 지냈습니다.

안녕히 계십시오, 친구여. 당신이 오실 거라고 알고 있겠습니다. 설령 당신의 아들을 보러 오는 것뿐이라도요.

당신의 충실한 친구

헨리 커티스 드림.

추신: 가엾은 키바를 죽인 거대한 코끼리 수컷의 엄니는 이곳 홀에 당신이 제게 준 한 쌍의 버팔로 뿔 위에 놓여 있습니다. 그것들은 아주 굉장해 보입니다. 그리고 제가 트왈라의 머리를 자른 도끼는 제 책상 위에 붙여 놓았습니다. 어떻게 해서든 쇠사슬 갑옷 셔츠를 가져왔으면 좋았을 것을 하고 저는 바랍니다.

헨리 커티스

p.245 오늘은 화요일이야. 금요일에 떠나는 영국행 기선이 있단다. 나는 커티스 경의 말을 곧이곧대로 믿고 그 배 편으로 영국으로 가야 한다고 생각한단다. 설령 너를 보러 가는 것뿐이라도 말이다. 내 아들 해리야.

앨런 쿼터메인